U0935774

公益诉讼检察工作指导

2024年第4辑 · 总第12辑

最高人民检察院公益诉讼检察厅／编

中国检察出版社

图书在版编目（CIP）数据

公益诉讼检察工作指导．2024年．第4辑／最高人民检察院公益诉讼检察厅编．-- 北京：中国检察出版社，2025. -- ISBN 978-7-5102-3160-5

Ⅰ．D925.04

中国国家版本馆CIP数据核字第2025TT4457号

公益诉讼检察工作指导（2024年第4辑）

最高人民检察院公益诉讼检察厅 编

责任编辑： 王　欢

技术编辑： 王英英

美术编辑： 徐嘉武

出版发行： 中国检察出版社

社　　址： 北京市石景山区香山南路109号（100144）

网　　址： 中国检察出版社（www. zgjccbs. com）

编辑电话：（010）86423780

发行电话：（010）86423726　86423727　86423728
（010）86423730　86423732

经　　销： 新华书店

印　　刷： 北京联兴盛业印刷股份有限公司

开　　本： 710 mm×960 mm　16开

印　　张： 15.5

字　　数： 196千字

版　　次： 2025年4月第一版　　2025年4月第一次印刷

书　　号： ISBN 978-7-5102-3160-5

定　　价： 60.00元

《公益诉讼检察工作指导》
编 委 会

《公益诉讼检察工作指导》
通讯编辑

目 录

专 稿

本期聚焦

——青藏高原生态保护法实施一周年暨川滇藏甘青新兵团公益诉讼检察协作联席会

工作研究

调研报告

地方经验

专稿

ZHUAN GAO

《公益诉讼检察厅关于推进公益诉讼检察高质效办案的意见（试行）》解读与落实

徐向春[*]

为深入学习贯彻最高检党组关于“一取消、三不再”、一体抓好“三个管理”相关会议精神，本文对公益诉讼检察厅制定的《关于推进公益诉讼检察高质效办案的意见（试行）》（以下简称《意见》）作出解读，确保将公益诉讼检察条线的思想和行动统一到最高检的决策部署上来，推动高质效办好每一个公益诉讼案件落实落地，努力让人民群众在每一个司法案件中感受到公平正义。

一、准确把握检察公益诉讼制度的“时”与“势”，切实增强高质效办好公益诉讼案件的责任感和使命感

今年是党的十八届四中全会提出探索建立检察机关提起公益诉讼制度十周年，准确把握检察公益诉讼制度当前所处的“时”与“势”，有利于看清检察公益诉讼制度的方向和方位，有利于增强公益诉讼检察工作的底气和信心，也有利于保持公益诉讼检察工作的清醒和定力，找准公益诉讼检察工作的发力点和落脚点。

检察公益诉讼制度的“时”是什么？“时”是制度从顶层设计到实践落地，从局部试点到全面推开，从初创开拓到发展完善所走过的十年不平凡历程。“凡益之道，与时偕行”，在以习近平同志为核心的

* 徐向春，最高人民检察院公益诉讼检察厅厅长、一级高级检察官。

党中央坚强领导下，在全国公益诉讼检察条线的共同努力下，检察公益诉讼基本形成“4+11+N”的履职格局，25 部法律涉及了公益诉讼的内容，除民事诉讼法、行政诉讼法、人民检察院组织法、检察官法、人民陪审员法以外，12 部单行法律明确规定了公益诉讼的条款（近期新增文物保护法、矿产资源法），制度运行成效显著。2017 年 7 月至 2024 年 9 月，共立案办理公益诉讼 108 万件，其中行政公益诉讼 97 万件，民事公益诉讼 11 万件。可以说，检察公益诉讼制度作为一项重大的民心工程，从绿水青山到衣食住行，已经融入到群众生活的方方面面。

检察公益诉讼制度的“势”在哪里？“势”在检察公益诉讼制度充分彰显习近平法治思想的真理力量和实践伟力，是习近平法治思想在公益保护领域的生动实践和原创性成果，已成为习近平法治思想的标识性概念之一。正是基于党中央集中统一领导的政治优势和中国特色社会主义制度优势，检察公益诉讼制度呈现鲜明的在党领导下协同履职的特点。随着实践深入推进，检察公益诉讼制度得到广泛认同和支持。正是基于检察公益诉讼制度鲜明的监督性质和治理特点，我们注重在审前督促行政机关依法履行职责，以更高的效率、更低的成本争取最佳的办案效果。对于一些检察建议发出后没有得到及时整改的案件，我们注重通过“诉”的确认推动治理。可以说，中国检察公益诉讼制度独具特色、独树一帜，是一项开创先河并影响世界的司法文明成果，日益成为中国特色社会主义司法制度的靓丽名片，为世界法治文明贡献了公益保护的新样本、新形态。

“当时而立法”。检察公益诉讼制度发展到今天，制定一部专门的检察公益诉讼法，为制度提供根本性、系统性法律保障和规范，是检察公益诉讼制度发展的时势使然，是制度走向成熟定型的必然选择，也是更好发挥制度优势的迫切需要。我们必须顺应时势，抓住机遇推进检察公益诉讼专门立法。目前，立法已进入关键阶段，人大监司委已经采纳最高检的相关建议，特别是检察机关在公益诉讼中作为法律监督的身份，以抗诉的方式启动二审。目前，主要在关键的法律监督地位问题上需要协调推动。我们作为检察公益诉讼制度的具体践行者，一定要按照最高检党组和应勇检察长的部署，高质效办好每一个案件，为专门立法提供更多更好的实践样本，助推立法进程。

当然，也要清醒地认识到检察公益诉讼工作存在的问题和不足。在工作理念方面，有的地方还未将理念完全统一到高质效办好每一个案件这个新时代新征程检察履职办案的基本价值追求上来，还停留在过去以量取胜的阶段，关注数量甚于关注质量。在具体办案方面，有的检察官未能全面准确适用办案规范要求，导致立案不精准、办案不规范，出现低质效案件。在制度建设方面，法律规则供给体系还不健全，支撑不够，原则规定多、具体指引少，立案有条件无标准等。这些都是我们在落实高质效办好每一个公益诉讼案件的要求，促进公益诉讼检察工作高质量发展，推动检察公益诉讼立法过程中必须加以重视和解决的。

二、准确理解和坚决落实《意见》，持续做好“三个管理”的“谋”与“干”

应勇检察长强调：“三个管理”的核心是高质效办好每一个案件，主线是落实和完善司法责任制，目标是努力让人民群众在每一个司法案件中感受到公平正义。这次公益诉讼检察厅对标对表最高检年初出台的《关于加快推进新时代检察业务管理现代化的意见》，结合公益诉讼检察实际，制定《关于推进公益诉讼检察高质效办案的意见（试行）》，主要考虑就是在检察公益诉讼立法关键时期，在公益诉讼检察业务迈向高质量发展的新阶段，谋划更好落实最高检党组和应勇检察长的决策部署，对接“三个管理”的具体要求，真正将这些决策部署和具体要求转化为公益诉讼检察工作的思路方向，转化为发现和解决自身监督办案中深层次问题的细化举措，转化为高质效办案的规范指引，与时俱进地完善公益诉讼检察管理新模式，推动建立“大管理”格局，以高水平管理促进高质效办好每一个公益诉讼案件，以个案高质效促进公益诉讼检察工作整体高质效发展。

由此形成的《意见》总计17条，分为总体要求、精准规范开展公益诉讼检察办案工作、加强公益诉讼业务管理案件管理质量管理、健全公益诉讼高质效办案的保障机制四个大的部分。各地公益诉讼检察部门要认真领悟、准确把握、抓好落实。对《意见》的理解和落实要重点把握好以下几点。

一是要谋定而后动，准确把握公益诉讼高质效办案的总体要求。要明确目标任务，深刻领悟落实习近平总书记提出探索建立检察机关提起公益诉讼制度的初衷，以高质效办案督促行政机关依法履行监督管理职责，促进法治政府建设，维护国家和社会公共利益，助推国家治理现代化。要领悟内涵要求，坚持以“高质效办好每一个案件”的基本价值追求引领办案实践，将“可诉性”和“三个善于”要求在公益诉讼办案中具体化、实践化，统筹案件实体公正、程序公正、社会公正，确保实现办案质量、效率、效果的有机统一。要把握基本原则，坚持检察公益诉讼的法律监督本质和定位，发挥督促和协同的制度功能解决公益损害难题，切实将审前实现公益保护的目的作为优先目标，同时以“诉”的确认实现司法价值的引领。

二是要干在最实处，精准规范开展公益诉讼办案工作。要以公益诉讼“可诉性”指引严把案件质量关，保障实体公正。必须准确把握“适格诉讼主体”“违法行为”“公益损害事实”“法律明确授权”四个要素。特别是针对多个行政机关针对同一公益损害在不同环节负有监督管理职责，或多个行政机关针对同一公益损害负有不同监督管理职责的，要厘清监管主、次责任和履职顺序、步骤等，从最有利于解决公益损害的问题、最大化保护公益角度出发确定被监督对象。在监管领域上，对于传统领域要继续加强精准化、规范化，进一步做实做细做深。在新领域探索上，要严格落实党的十九届四中全会“拓展公益诉讼案件范围”的部署要求，对有法律依据的新领域要积极履职，做大做强。要提升办案各环节规范性确保程序公正。在立案环节，要对公益受损事实、性质，行政行为的违法性等，开展必要的评估或初步调查。在磋商环节，要避免在办案中超期磋商、久磋不决，甚至代替制发检察建议、提起诉讼等监督手段，以免影响公益问题的及时治理和制度的刚性效应。在调查取证环节，要加强对行政机关回复整改情况的实质性审查和调查，确保调查程序合法、证据合法。在检察建议环节，要结合行政机关的具体履职要求提出有针对性、可操作性的检察建议内容，确保能与诉讼请求相衔接。在提起诉讼环节，要精准提出诉讼请求。行政公益诉讼的撤诉需报上一级检察院备案，严禁在提起诉讼后行政机关未作出新的履职行为而作撤诉处理。积极探索以裁定终结诉讼作为行政公益诉讼的结案方式。要提升公益诉讼办案效能促进社会公正。要积极探索完善诉讼请求和责任承担实现方式。坚持行政公益诉讼是督促之诉的功能定位，以督促被监督对象依法履职为诉讼请求的核心项。进一步完善食品药品安全惩罚性赔偿以及个人信息保护、公共安全、英烈名誉荣誉保护等领域的公益修复方式。要积极促进完善社会治理。注重分析研判案件反映出的长期性、普遍性、多发性及行政监管职能存在交叉等问题推进办案，统一同类案件法律适用尺度，促进专项整治、推动全面整改。以社会治理检察建议等形式，推动解决系统性、源头性问题。针对因现行法律规范缺失导致公益损害问题持续存在的，推动完善规范性文件、地方政府或部门规章、地方性法规、行政法规乃至法律，推动形成法治化、制度化的闭环。

三是要管出新成效，一体提升“三个管理”实效。要健全符合公益诉讼自身特点的办案规范体系。加快构建较为完备的不同办案领域的业务框架体系，公益诉讼检察厅会陆续出台生态环境和资源保护、食品药品安全、国有财产保护和国有土地使用权出让等相关重点领域的办案指引，并积极探索办案量较大、实践较为丰富的相关细分领域的具体立案标准。要探索构建符合检察公益诉讼制度价值的高质效案件标准及评价体系。以有适格的诉讼主体、公益损害事实、法律明确授权、行政违法行为的实体性标准和立案规范等符合办案程序规范作为主要评价要素构建公益诉讼检察高质效案件一般标准，我们绝大多数办理的案件都应该属于这种。有代表性高质效案件标准，是指张雪樵副检察长最新提出的符合程序规范、突出监督实效和“三个效果”的统一。具体来说，突出监督实效是指在个案办理中有好的效果。“三个效果”的统一是指从延伸社会治理、推动类案问题解决这个角度理解。即将下发的《意见》也会将这个思想贯彻进去，大家要认真学习、理解领悟。各省级院也要积极探索细化符合本地区工作实际的高质效案件标准及评价方式。要定期研判分析公益诉讼检察业务运行态势和发展趋势。每季度开展公益诉讼检察业务数据分析与讲评，形成公益诉讼整体办案质效分析报告；同时结合办案情况及形势发展，不定期针对细分办案领域、具体办案环节开展个性化质效分析研判，并研提对策。根据最高检党组和应勇检察长的要求，“一取消三不再”以后，各个业务部门是业务管理、案件管理、质量管理的主体部门，公益诉讼检察厅针对不同的办案领域、不同的案件类型，加强定期的分析研判，每个季度每个办案组对自己负责的业务领域会有精准、细化的分析，厅里形成总的业务分析，并适时对下通报。对具体的问题，每个季度各个办案组会做不同的分析主题，并及时报备。要充分发挥高质效办案点评培训机制效能。释放“非数据”管理模式效用，强化对有影响力案件办理的过程指导，推动互促提升。以高质效办案点评培训机制为依托，配套搭建公益诉讼高质效案件共享平台，实时观察、高效督导各地有代表性高质效案件办理进展，提升案件管理效能。目前，按照张雪樵副检察长的要求，公益诉讼检察厅正在做高质效办案点评培训会开展一年来的总结，尤其是下一步如何安排正在研究。要深化细化实化案件质量检查、评查工作。加强对基层院办案质量的调研分析，定期组织开展覆盖全国范围或者部分省（区、市）的全面质量检查或评查活动，或者组织针对相关地区的专项检查评估，及时反馈评查结果并监督纠正，完善规范办案长效机制。今年上半年开展了第一轮案件质量评查，等两轮评查结束后，坚持问题导向，厅里会通报各地办案中存在的问题。请第二轮被评查的省份做好准备，按照最高检党组“三个管理”的规定，今后这项工作要常态化开展。要全面落实司法责任制要求。切实把司法责任落实、责任追究、检察人员考核与业务管理、案件管理、质量管理紧密结合，加强对案件质量检查、案件质量评查等案件管理结果运用，规范履职保障和追责惩戒机制。

三、深刻认识“一取消三不再”的“破”与“立”，公益诉讼检察要着力把握好的“三组关系”

10月15日至16日，最高检先后召开检委会和党组会，研究加强和改进检察管理、为基层减负的措施，决定取消一切对各级检察机关特别是基层检察机关的不必要、不恰当、不合理考核，不再执行检察业务评价指标体系，不再设置各类通报值等评价指标，不再对各地业务数据进行排名通报。我们必须提高政治站位，深刻认识“一取消三不再”蕴含的破立并举、先立后破的改革精神，蕴含的最高检党组让检察工作回归高质效办案本职本源的具体要求，把注意力和主要精力聚焦到高质效办好每一个案件和案件的每一个环节上来。重点要处理好“三组关系”。

一是取消不必要、不恰当、不合理考核与加强“三个管理”的关系。“一取消三不再”契合基层实际。“一取消三不再”是最高检党组在深入调查研究、广泛听取意见基础上审慎作出的决定，符合中央精神、符合实际情况、符合司法规律、符合基层期待，在检察系统内外均引起强烈反响，得到广泛赞誉。“一取消三不再”强调要取消的是不必要、不恰当、不合理的考核，近年来，最高检制定了《检察机关案件质量主要评价指标体系》等文件，地方检察机关和各业务条线在《评价指标》基础上，进一步设置了本地区、本条线指标，对下级检察机关、检察业务条线开展考核评价。对公益诉讼条线来说，首先要结合公益诉讼工作实际尤其是存在的突出问题来正确理解和把握最高检党组提出的“一取消三不再”精神。自2019年开始，最高检党组就将公益诉讼的“水分案”“凑数案”现象作为基层院的突出问题来抓规范办案，2019年先后提出类案群发问题“回头看”和制发检察建议开展磋商程序，2021年8月组织开展“为民办实事、破解老大难”质量提升年活动，旨在解决片面追求办案数量问题。但连续几年都是一边抓问题整改一边问题仍然存在，直到2023年，“窨井盖案”“法治宣传案”等极端型负面典型案件引起了最高检党组的高度重视，新一届党组重视抓高质效办案，2023年办案总量略低于2022年，跟前几年办案量大幅增长相比，这是一个好的现象。如果从管理上找原因，不合理的数量考核指标是“罪魁祸首”。所以，最高检党组提出的“一取消三不再”与公益诉讼片面追求数量的突出问题具有极强的针对性，或者说，彻底解决公益诉讼片面追求数量问题就是“一取消三不再”重大调整的重要目标之一。只有正确理解了这一精神，才能真正促进科学管理和公益诉讼工作的健康发展。各省公益诉讼条线对下设置的考核指标，要全面梳理研究，凡属不必要、不恰当、不合理的考核，都要一律取消。调研中，我们发现有的地方要求基层院今年的办案数量不能低于去年，年均办案数不能少于50件、每个基层院必须完成1件起诉案件等，由此也导致一些基层院在无法完成任务的情况下，办理注水案、凑数案、类案群发，出现“数据达标、治理失效”的情形，这些都是需要取消的内容。

“一取消三不再”不是不要数据，更不是不要管理，而是要求数据真实、客观、准确。在各地点赞热议最高检党组为基层减负赋能的同时，也有一些检察人员存在认识误区，认为“一取消三不再”出来后，所有的检察工作不用考评考核、不要管理了，工作可以干到哪里算哪里，甚至放任“躺平”。这既不符合中央精神和最高检党组的要求，也没有遵循司法规律。考核检查是开展基层工作的重要方法，适当精准的考核能更好推动工作落实，激励鞭策大家担当作为。童建明常务副检察长在10月28日的专题电视电话会上，特别强调要正确看待考核。取消一切不必要、不恰当、不合理的考核，并不是取消所有考核，更不是不要管理。在任何时候，对案件办理质效和检察履职成效的科学评价，都只能加强、不能削弱，决不能让干多干少一个样，干好干差一个样。要探索加强业务管理、案件管理、质量管理的方法。譬如，要求四级检察机关每个院每年办理3件以上有代表性高质效案件，如果完不成这一任务，怎么来为“完善公益诉讼制度”和公益诉讼专门立法提供实践支撑？今后的公益诉讼检察工作如何管理得更好，要有一个对下的评价方法，评价方法的基本原则包括“导向科学、重点突出、简便易行、务实管用”；主要做法包括：半年简要通报重点办案类型、重点办案领域、重点业务态势的变化情况，定期或不定期通报通过流程管理和案件评查发现的地方办案中的问题，及时通报表扬各地办案中涌现出的好经验好做法等；重点把握：第一，聚焦法律监督主责主业，不能偏离公益诉讼检察制度“保护国家利益和社会公共利益”这一基本的法律定位和功能价值去办案；第二，聚焦树立正确的政绩观，把握高质效案件要求，坚决防止办理凑数案、注水案等低质效案件；第三，聚焦工作健康平稳开展，防止办案数据出现大起大落。

二是数据管理与非数据管理的关系。数据管理和非数据管理各有侧重。数据管理依赖指标考核，有其正向有利的一面，但也附随出现一些负面影响，一些地方政绩观出现偏差，“围着数据看，对着数据干”，追求表面的数与率的增加或者减少，搞“数据美容”“数据注水”，甚至弄虚作假，这些负能量已经极大地对冲了简单的数据管理给公益诉讼检察高质量发展带来的正能量，得不偿失。而非数据管理强调宏观分析研判与微观案件质量检查评查，强调规律态势分析和问题反向审视。通过规律态势分析明确工作方向和思路，通过问题反向审视我们工作中还存在哪些不精准不规范的地方，还存在哪些履职不够、履职空白的地方等。非数据管理不是绝对不要数据。“一取消三不再”是最高检党组持续整治形式主义为基层减负、针对基层症结开出的“一剂良方”，目的在于纠正不同程度存在的唯数据、唯指标问题，杜绝“数据加工”等数据失真失实问题，调整改变简单以数据进行考核管理的思维模式和工作方法。其实质精神是拒绝凑数案、水分案、勾兑案，因为这种案件多办一件，都会对检察公益诉讼制度带来一份损害。但并不是不要案件数量，譬如要求每个检察院至少办理 3 件以上的有影响力的高质效案件，如果有能力，办理 10 件、20 件高质效案件，当然是多多益善。而且，从司法规律来说，有影响力的高质效案件是建立在一定数量的符合规范标准案件的基础上，并不是每个院一年只立案 3 件有代表性的高质效案件。具体怎么把握和管控符合规范标准案件的数量，建立在办案队伍的力量、能力以及管理能力等基础上，但不是通过下总量指标的手段和方式。这就要求我们在保证数据真实、客观、准确的基础上，深入挖掘数据的价值。进一步加强和改进非数据管理中对数据的宏观分析研判。对检察业务数据的宏观分析研判，过去更多关注数据的升降、比例的高低，比如我们公益诉讼检察条线比较关注的线索成案率、公益诉讼检察建议采纳率、提起诉讼率等。这些也不是不要，是很好的，要继续加强分析。而在“一取消三不再”的大背景下，我们要在对各项业务数据进行全面分析研判基础上，更加注重对重点案件类型、重点办案领域、重要业务态势的分析研判，提升对公益诉讼办案的规律性认识，明确下一步工作重点和方向。最近，最高检已经明确将“检察业务数据分析研判”调整为“检察办案质效分析研判”，这一调整，就是突出以办案质效为核心的综合评估功能。我们要主动适应这种变化，在实践中进一步加强和改进数据的宏观分析，通过行之有效的非数据管理手段，来填补数据指标考核取消以后带来的“真空”。对线索成案率、公益诉讼检察建议采纳率、提起诉讼率也要进行定期或不定期分析。

三是严格依法履职与履职冲动、履职焦虑的关系。数据考核必然带来履职冲动，转向非数据管理也可能带来履职焦虑。冲动时，什么都想干、什么都干，焦虑后，又不知道该干什么、怎么干了。防止履职冲动与履职焦虑，首先要严守依法履职边界。检察机关职责法定，既不能让渡也不能扩张，要始终聚焦法律监督主责主业，始终按照法律的规定和程序办事，一体落实实体、程序、效果要求。检察公益诉讼是督促之诉、协同之诉，是以诉的方式补充行政监管的不足，而不是替代行政执法或者联合执法，只有在行政执法的公益维护功能“失灵”时发挥补位和矫正作用，必须严格依法，准确把握公益诉讼履职的介入条件、介入时机和介入尺度，恪守检察职权边界，不能越俎代庖，防止“种了别人的地荒了自己的田”。在这方面，我们是有深刻教训的，就是现阶段，也还有一些地方存在这种情况。特别要强调的是，严格依法履职，要严防工作大起大落。应勇检察长在今年10月15日主持召开业务数据分析会上，针对今年以来办案数量包括公益诉讼案件数量下降再次强调：“办案数量下滑不是坏事，要有定力。”童建明常务副检察长明确要求，“保持工作平稳健康发展”，“各地要密切关注各项检察业务工作发展态势，及时发现苗头性、倾向性问题，切实避免相关工作大起大落”。“一取消三不再”后，公益诉讼工作如何防止大起大落？核心是要将原有办案数量中的“水分”挤掉，把精力集中到办理正常案件上，该立则立，当诉则诉。所以，高质效推进公益诉讼检察工作，抓好条线“三个管理”的责任不是轻了而是更重了，要求不是低了而是更高了，我们的任务也更重了。特别是实行“一取消三不再”后，将极大压缩“数据美容”“数据注水”等问题，由此可能带来公益诉讼检察业务数据的波动。对此我们要有正确的认识，属于凑数案、注水案的，要坚决挤掉。但与此同时，我们也必须保持工作平稳健康发展，最高检党组提出高质效办案的要求后，公益诉讼检察办案数据出现下滑是正常现象，不必过于紧张，要有定力。检察公益诉讼是各项检察监督工作中更具有“主动性”的职能，决不能因为取消了数据考核指标，该立案的案件也不立案了，该监督的也不监督了。我们要正确处理好公益诉讼办案数量与质量、领域深化与拓展、审前程序与提起诉讼三组辩证关系，主动履职尽责，多办有影响力、具有示范引领价值的高质效案件。公益诉讼检察厅会密切关注各省的办案数量变化情况，各省级院也要密切关注本地区公益诉讼业务发展态势，及时发现苗头性、倾向性问题，切实避免办案数量大起大落，避免“急转弯”，避免从一个极端走向另一个极端，保障公益诉讼工作平稳健康发展。而这也是对我们公益诉讼检察条线执行力、战斗力的一个重要考验。公益诉讼检察具有主动履职的特点，目前，立法处于关键时期，我们要通过平稳健康办案，继续助力检察公益诉讼立法。

一分部署，九分落实！看准了就要抓紧干！我们要认真贯彻落实最高检党组的深远考量和部署安排，切实将“一取消三不再”、一体抓好“三个管理”的具体要求内化于心，外化于行，系统理解、准确把握《意见》的具体内容。《意见》出台后，需要公益诉讼检察厅和各省公益诉讼检察部门一体落实，比如办案指引、立案标准等，这项工作将作为明年公益诉讼条线非常重要的一项工作一体抓好落实。公益诉讼检察厅向最高检党组提出明年年中计划专门召开贯彻落实《意见》的会议，持续抓好细化实化。我们要锚定目标主动作为、狠抓落实，高质效办好每一个案件，更好为大局服务、为人民司法、为法治担当。

高质效办好每一个
长征文化保护公益诉讼案件

徐向春*

90年前，中央红军8.6万余人从江西于都出发，渡过于都河，踏上战略转移的征途，开始了举世闻名的二万五千里长征。为深入学习贯彻落实习近平文化思想，以及习近平总书记关于长征文物和文化保护重要指示批示精神，落实最高检党组“高质效办好每一个案件”的部署要求，近日各地公益诉讼部门就保护长征文化的经验做法进行办案经验交流，进而推动更高质效办好长征文化保护公益诉讼案件，以检察履职更好服务保障长征文物和文化保护。

2024年3月，最高检公益诉讼检察厅专门下发提示，要求把握《长征国家文化公园建设保护规划》各项内容及要求，充分发挥公益诉讼检察职能作用，聚焦五类重点问题，办理一批高质效案件。经过大家共同努力，截至目前，长征沿线各地检察机关共摸排相关案件线索288条，立案270件，全部为行政公益诉讼案件，其中磋商68件，发出检察建议189件，提起行政公益诉讼4件；推动建立相关协作机制10余项，取得了良好的阶段性成效。下面就高质效办好长征文化保护公益诉讼案件谈几点认识。

一、提高政治站位，以高度的政治责任感和历史使命感，为长征文化保护提供坚实司法保障

文化兴国运兴，文化强民族强。党的十八大以来，以习近平同志

* 徐向春，最高人民检察院公益诉讼检察厅厅长、一级高级检察官。

为核心的党中央高度重视长征文化保护利用工作。习近平总书记先后到贵州遵义、宁夏西吉、江西于都、湖南汝城、广西全州等长征沿线重要点段考察，对做好历史文化和革命文化遗址遗存保护、传承，以及长征精神弘扬工作作出重要指示。2019年5月20日，习近平总书记在江西于都中央红军长征出发纪念馆，提出“四个不要忘了”，吹响了“新长征，再出发”的号角。同年，习近平总书记主持召开中央深改委第九次会议，审议通过《长城、大运河、长征国家文化公园建设方案》，明确要求谋划建设长征等国家文化公园。2021年8月，国家文化公园建设工作领导小组印发《长征国家文化公园建设保护规划》。《长征国家文化公园建设保护规划》明确提出，整合长征沿线15个省市文物和文化资源，根据中央长征历程和行军路线构建总体空间框架，加强管控保护、主题展示、文旅融合、传统利用四类主体功能区建设。全国公益诉讼检察部门要不断深化思想认识，进一步提高政治站位，强化责任担当，积极主动以公益诉讼履职服务长征文化保护，大力弘扬长征精神，传承红色基因。

长征是人类历史上的伟大壮举，是中国共产党和中国工农红军谱写的壮丽史诗，是中华民族伟大复兴历史进程中的巍峨丰碑。目前，长征沿线存留了数量庞大、类型丰富的长征文物和文化资源，它们见证长征历史、展现长征文化、承载长征精神，是弘扬革命传统和革命文化、激发爱国热情、振奋民族精神的鲜活载体。长征沿线涉及15个省级院，约占全国的一半，从国家文化建设保护及检察公益诉讼事业发展角度看，长征文化保护公益诉讼检察工作使命重大，意义非凡。长征沿线各级检察院公益诉讼检察部门，要认真学习习近平总书记关于长征文化和长征精神传承的重要论述，充分认识长征文化保护的重要性、紧迫性，充分发挥公益诉讼检察职能，聚焦重点问题，继续办理高质效案件，以高度的政治责任感和历史使命感开展好长征文化保护公益诉讼办案工作，为长征文化保护提供坚实司法保障。

二、聚焦监督重点，以“高质效办好每一个案件”推动长征文化保护落地见效

最高检公益诉讼检察厅对长征文化保护提出了五个方面的重点监督问题，包括长征文物“应保未保”、长征文物保护措施不到位、长征文物保护性修缮不规范、侵害长征英雄烈士姓名、肖像、名誉、荣誉及待遇以及其他有关问题。我们对长征沿线检察机关办案情况进行了全面深入的分析，发现当前长征文化保护公益诉讼办案中还存在办案进展不平衡、办案质效不够高以及重点不突出等问题，需要进一步改进提升。

一是要进一步加大办案力度。从目前办案情况看，福建、江西、河南、湖南、贵州、云南、陕西、甘肃等省份办理案件都在 10 件以上，部分省份仅仅是个位数，极个别省份没有办理相关案件，这些数据反映了各地区办案规模、力度、节奏等不平衡问题。同时也要清醒地看到，当前长征文化保护案件办理，还存在有影响、有示范引领价值的案件不多，部分重点领域办案力度不够，起诉案件数量偏少，综合保护系统治理效果有待加强等问题。各省级院要认真分析原因，加大指导力度，帮助市、县两级院拓展办案思路，破解办案难题，通过有的放矢开展小专项、运用大数据法律监督模型、开展跨区域协作等方式，确保监督力度，多办成一些有代表性的高质效案件。

二是要不断提高办案质效。从各地办案情况来看，有的地方办理的案件问题小、层次浅，有的地方仅仅针对长征文物脏乱差问题立案，有的地方针对展陈不丰富问题立案，有的地方就同一性质的违法行为分别向所辖乡镇、街道制发多份内容相近的检察建议，有的地方对能够通过磋商、工作提示等方式就能达到监督效果的公益损害问题制发检察建议等。大家要清醒认识到，公益诉讼检察发展到今天，已经是第 10 个年头，不能再满足于办理一些简单案、凑数案，更不应

再出现类案群发等低质效问题。从长远来看，这些都不利于公益诉讼检察事业的健康发展。各地检察机关要对照目前所办案件及掌握的线索，及时对照检查，牢固树立高质效理念，严格把握高质效标准。要正确认识“有数量的质量”和“有质量的数量”的辩证关系，严把立案关、办理关、结案关，对于制发检察建议后，行政机关到期未整改、整改不彻底，导致长征文物和文化资源持续处于受损状态的情形，应坚决依法启动提起诉讼程序，确保受损文物得到及时有效保护。敢于以“诉”的确认体现司法价值引领。不仅仅限于长征文物和文化资源保护，我们的“4+11+N”领域，都要抓住“公益保护”这个根本，扭住“可诉性”这个关键，一体发挥好维护公益和促进行政机关依法履职的功能作用。

三是要着力突出地域特色。在前期的办案中，各地结合本地实际开展了一系列监督，涌现了一些好的案件和做法。比如，江西聚焦长征出发地旧址及英烈设施问题开展监督，福建聚焦中央红色交通线旧址保护利用，湖南聚焦湘江战役红军指挥部旧址保护，贵州开展“一江一河”、赤水河“三全”专项行动中，将乌江、赤水河沿线红色文化遗址保护作为专项内容的重要组成部分，陕西围绕“寻保传”专项活动，办理延安市南泥湾三五九旅革命史迹保护行政公益诉讼等案件。但总体上地域特色还不够鲜明，长征文化保护的多样性未能充分体现，长征沿线各检察机关要立足长征文物和文化资源多样性、地域性等特点，因地制宜，结合本地特色以小专项形式开展监督行动。

四是要更加注重分类施策。前不久，公益诉讼检察厅在筛选典型案例过程中，发现各地报送的长征文化保护案例，主要集中在革命文物、英烈纪念设施、革命旧址保护等领域，其中有些案件同质化程度较高，也有一些案件存在行政监管主体认定不精准、公益损害调查不全面、建议措施针对性不强等问题，需要我们在接下来的工作中，注重提升细分领域办案的精准性和规范性，比如在革命文物保护案件办理中，要注重厘清监管职责，如果是属于英烈纪念设施的，要着力强化推动退役军人事务部门的归口管理。比如在英烈纪念设施保护案件办理中，要深入开展调查，注重推动解决英烈纪念设施权属不明、监管缺位等深层次问题，推动整体保护、一体保护。比如在革命旧址保护案件办理中，要聚焦革命旧址未纳入保护范围、保护级别低、管护资金落实不到位等治理难题，推动应保尽保、提档升级等。

三、深化协同保护，以多方联动强化协作配合，凝聚长征文化保护共治合力

一是要持续强化一体履职。公益诉讼检察部门要与刑事检察、民事检察、行政检察部门密切协作与衔接，强化信息共享、线索移送、办案协作，综合履行四大检察职能，为长征文化保护构筑完整严密的司法防线，为保护好、传承好、利用好长征文化提供更加优质、更加多元的检察产品。长征沿线各级检察机关要加强与周边省市的沟通协调，通过跨区域协作、军地协作等方式，实现资源共享、优势互补，提升区域间文物保护协同共治效能。如江西瑞金与福建长汀两地检察机关会签《关于加强红色文化遗存保护工作的协作意见》，加强长征相关的重要会议遗址、纪念设施、重要人物旧居的跨区域协作保护利用。四川旺苍充分发挥军地检察机关各自专业、信息、资源优势，在摸排线索、调查取证、公开听证、制发检察建议、督促依法履职等办案环节加强协作，督促行政机关厘清职责依法履职。

二是要主动争取外部支持。在长征文化保护办案过程中，部分检察机关积极主动向当地党委、政府汇报，争取支持，在办案基础上深入开展调研，梳理难点，分析原因，提出建议，形成专题调研报告送党委政府，得到党委、政府领导的肯定和批示，进一步推动问题综合治理。这都是办好长征文化保护案件的成功经验，文物及文化资源保

护公益诉讼案件，办案难点多集中在资金缺口大、专业性强、群众保护意识薄弱、工作合力形成不够，单靠检察机关一家力量有限。各地检察机关要统一思想认识，高度重视争取地方党委、政府领导支持，主动汇报沟通，努力形成党委领导、政府支持、人大监督、社会参与的良好氛围。要加强横向协作配合，主动加强与文化和旅游、退役军人、住房和城乡建设等相关行政职能部门的沟通联动，建立健全长征文化保护协作机制，建立信息共享、情况通报、会商研判、专项行动等机制，及时掌握长征文物和文化保护的动态情况，完善案件办理机制，提高案件办理质效。如湖北省院与退役军人事务厅等8个部门会签《关于进一步加强烈士纪念设施规范管理的措施》，襄阳市院与文旅局会签《关于建立文物和文化遗产保护检察公益诉讼协作配合机制的意见》，助力更好弘扬英烈精神、赓续红色血脉。

三是要广泛动员各方参与。主动加强与高校相关院系、博物馆、纪念馆等专业机构合作，强化智力支撑，积极发挥“益心为公”志愿者检察云平台作用，聘请文物专家担任特邀检察官助理，提供长征文物和文化资源受损、修复、索赔等方面的专业意见，通过借助“外脑”智慧，最大限度凝聚社会力量，积极打造“多方参与、共治共享”的公益检察保护新模式。今年以来，最高检与国家博物馆签署战略合作框架协议，建立长期稳定的战略合作关系，在文物征集保护、联合办展、学术研究、人才培养等方面广泛开展合作，各地也可以学习借鉴和积极探索。

四是要全面提升宣传效果。及时总结案件办理成效，在重要时间节点、重点场所，通过释法说理、普法宣传、讲述办案故事等多种方式，营造浓厚氛围，发扬长征精神，切实增强社会公众的责任感和使命感，提升全社会对长征文化保护的知晓度、重视度，同时这也是扩大检察公益诉讼制度影响的重要抓手和支点。

以高质效公益诉讼检察履职助力青藏高原生态环境保护

徐向春*

《青藏高原生态保护法》实施一年多来，我国青藏高原生态保护治理走上法治化轨道新阶段。检察机关认真落实习近平总书记关于青藏高原生态保护和高质量发展的系列讲话精神，以高质效履职办案为青藏高原生态保护和高质量发展提供坚强有力的司法保障。四川、云南、西藏、青海、甘肃、新疆等省（自治区）相关检察机关在青藏高原生态保护工作方面形成了丰富的工作、办案及机制建设经验，成效较好。2024 年 11 月 22 日，公益诉讼检察厅召开青藏高原生态保护法实施一周年暨川滇藏甘青新兵团公益诉讼检察协作联席会，徐向春厅长对这些地方提出有关工作要求。

一、进一步提高政治站位，坚决扛起青藏高原生态保护的政治责任，切实将思想和行动统一到党中央的部署上来

青藏高原被誉为世界屋脊、亚洲水塔、地球第三极，是我国最重要的生态安全屏障。作为世界山地冰川最发育的地区和长江、黄河等多条重要江河的源头区，青藏高原拥有最丰富的高寒生物种质资源的同时，也是全球气候变化中最为关键且敏感的区域，其生态系统质量与功能状况直接影响我国的生态安全、生物多样性、水资源供应、气候系统稳定和碳收支平衡。今年 6 月，习近平总书记视察青海，强调

* 徐向春，最高人民检察院公益诉讼检察厅厅长、一级高级检察官。

青藏高原生态系统丰富多样、也十分脆弱，加强生态环境保护，实现生态功能最大化，是这一区域的主要任务；要把青藏高原打造成为全国乃至国际生态文明高地。

贯彻习近平总书记关于青藏高原生态保护的重要指示批示精神，中央层面提出了一系列的生态保护机制与工作方案。2021年10月，中共中央办公厅、国务院办公厅正式印发《青藏高原生态环境保护和可持续发展方案》（以下简称《方案》），明确最高检参与的工作任务是：充分发挥公益诉讼等制度作用，为生态环境保护提供保证。围绕《方案》，最高检深入谋划推进相关检察工作。2021年12月，公益诉讼检察厅指导青藏高原相关省级检察院会签《关于建立青藏高原及周边区域生态检察司法保护跨区域协作机制的意见》。2022年伊始，最高检将服务保障青藏高原生态环境保护和可持续发展工作纳入全年工作重点统筹推进，公益诉讼检察厅专门印发《关于充分发挥公益诉讼检察职能作用，推动青藏高原生态环境保护和可持续发展工作的通知》，部署青藏高原生态保护公益诉讼案件办理。

2023年4月，《青藏高原生态保护法》颁布，第51条明确规定了检察机关公益诉讼及生态损害赔偿制度等相关内容。最高检就此于2023年8月印发《关于贯彻落实〈中华人民共和国青藏高原生态保护法〉高质效做好公益诉讼检察工作的通知》，要求青藏高原各省级检察院加强组织领导，更好发挥公益诉讼检察服务青藏高原生态保护的职能作用。

今年7月，国家发改委制定了《青藏高原生态保护法》相关县级行政区域名录，包含西藏自治区、青海省的全部行政区域和新疆维吾尔自治区、四川省、甘肃省、云南省的59个相关县级行政区域。相关的各级检察机关都要提高政治站位，坚持以习近平生态文明思想、习近平法治思想为遵循，以党的二十届三中全会深化生态文明体制改革为指引，从国家生态安全和“国之大者”的高度，深刻认识青藏高原最大的价值在生态、最大的责任在生态、最大的潜力在生态，牢固树立“绿水青山就是金山银山”“冰天雪地也是金山银山”的理念；坚持以高水平保护支撑高质量发展，深刻领会《青藏高原生态保护法》的精神内涵，深入思考公益诉讼检察如何在服务青藏高原可持续发展和生态保护中更好地发挥职能作用，确保《青藏高原生态保护法》的有效施行，以高度的思想自觉、政治自觉、行动自觉，将检察工作融入青藏高原生态保护，以实际行动拥护“两个确立”，践行“两个维护”。

二、认真贯彻《青藏高原生态保护法》，立足公益诉讼职责，聚焦重点领域落实高质效办案要求

2023年以来，围绕落实《方案》规划与履行《青藏高原生态保护法》规定的职责，青藏高原相关检察机关公益诉讼检察部门立足职责，办理生态环境和自然资源保护领域公益诉讼案件5000多件，形成了大量工作机制与工作经验。四川检察机关针对珍贵基因资源的极小种群野生植物展开专项监督保护，就龙门山生物多样性协同共治建立生物多样性公益保护法治教育基地，并推动距瓣尾囊草、天全槭等物种纳入《四川省重点保护野生植物名录》；云南省检察院组织“金沙江流域（云南段）和九大高原湖泊生态环境与资源保护”等监督活动；西藏自治区检察院与西藏大学合作成立“青藏高原生态保护司法保障研究中心”；甘肃省检察院探索开展认购碳汇替代生态环境损害修复机制在公益诉讼检察工作的运用；青海省检察院与公安、农业农村、林业和草原主管部门会签《强化野生植物保护行政执法与公益司法协作，助推青藏高原生物多样性保护》；新疆各级检察院围绕重点敏感区域，开展帕米尔高原“雪山冰川”生态保护专项行动、保护叶尔羌河流域专项行动等专项行动；兵团检察院与

林长办签订《关于加强兵团森林草原资源保护　建立“林长+检察长”协作机制的意见》。

青藏高原地域特殊、文化多样，由于历史、自然等原因，公益诉讼检察工作在这里既有复杂性和挑战性，同时也有鲜明的特色与优势。可以说大家身在高原，精神也居于高地，对于公益诉讼检察人员来说，日常工作不仅仅是调查取证与办理案件，更是与特殊的自然条件进行不懈的斗争，每一次的线索排查，都是对体力与意志的极限挑战，每一个案件都凝聚着大家的汗水与付出。一方面立足职责，做到了严格落实党中央用最严格制度、最严密法治保护青藏高原生态环境的部署要求；另一方面创新工作方法，提高办案质效，不断丰富公益诉讼实践，提升了公益诉讼服务保障青藏高原生态保护的能力。

与此同时，在案件办理过程中也存在一些问题，其中普遍性的问题主要表现在：一是部分省份地区“硬骨头”“老大难”案件办理力度不足，具有显著影响力的公益诉讼案件还比较少；二是执法司法衔接、信息共享仍有壁垒；三是发现线索能力有所欠缺；四是检察办案力量不足，由于地理条件的限制，调查取证和鉴定评估难等。这些或主观或客观的因素，实际制约了检察公益诉讼制度优势在保护青藏高原生态环境中的进一步发挥。

下一步，青藏高原地方各级检察机关要以《青藏高原生态保护法》实施为契机，以可诉性为牵引，始终围绕高质效办案规范性、精准性、可诉性的要求，立足公益诉讼职责，将有效保护公益和完善公益诉讼制度有机结合，立足于各自特色、优势，办理一批有影响力的案件，形成独具特色的青藏高原生态保护公益诉讼检察业务框架体系，推动本地区公益诉讼检察工作深化发展。

要坚决落实规范性要求。应勇检察长强调，检察机关作为保障国家法律统一正确实施的司法机关，任何时候更要绷紧“严格依法”这根弦，任何时候更要坚持法治思维和法治方式。规范性要求是高质效办案的原则性要求，要切实找准公益诉讼检察服务保护青藏高原生态环境的切入点，充分发挥检察职能作用，不断提升案件办理的规范性，切实维护国家利益和社会公共利益。

要坚决落实精准性要求。坚持问题导向，围绕服务国家公园建设、生物多样性保护、森林草原与耕地保护及荒漠化治理等重点领域，充分运用无人机、卫星遥感技术等高新技术，开展线索摸排与案件办理工作，持续落实案件繁简分流、精细化审查、持续跟进监督等制度，准确适用法律法规，精准保护青藏高原生态环境。

要坚决落实可诉性要求。公益诉讼检察要牢牢抓住“公益保护”这个根本，紧紧扭住“可诉性”这个关键，牢固树立“敢于以‘诉’的确认体现司法价值引领”的理念，将诉讼作为磋商、检察建议能够取得效果的有效保障和最终手段，对检察建议不能有效解决公益保护问题的，坚决依法提起行政公益诉讼，促进依法行政。

同时，我们也关注到青藏高原部分地区检察机关公益诉讼检察办案力量不足，西部基层检察院专业人才紧缺，一定程度上影响了办案质效。各级院公益诉讼检察部门要加强业务素能培训，可通过联合公安、生态环境执法等部门开展常态化的同堂培训。最高检在培训名额分配上也将继续向青藏高原及周边省份倾斜，继续配合政治部组织好西部巡讲支教。也希望各地充分发挥大数据法律模型监督与数字检察作用，不断提升办案人员的线索发现与调查取证能力、线索研判与综合履职能力。

三、坚持系统思维，发挥区域协调机制作用，增强检察司法协作力度

青藏高原生态环境保护工作是一项系统工程，要积极探索与之相适应的检察机关法律监督工作机制，持续推进公益诉讼办案指挥中心

建设，注意推广运用公益诉讼大数据法律监督模型，推动形成协调联动的整体工作格局。

一方面，要深化内部协作机制，牢固树立区域协作“一盘棋”观念，继续在完善落实跨区域协作机制，加强一体化履职上下功夫。相关检察机关依托青藏高原检察司法保护跨区域协作机制，统一司法标准尺度，通过“河（湖）长 + 检察长”、工作联席会议、座谈会、联合办案等形式，助推水源补给涵养保护、山脉与高原矿山生态修复、高原生物多样性保护等；强化一体履职，坚持各有侧重、上下一体、全面履职的总体思路，发挥检察机关的一体化优势。市级以上检察院特别是集中管辖地检察院要切实落实办案责任，省级检察院要加强办案指导，并做好跟踪问效及跟进监督等后续支持。

另一方面，要加强外部沟通联系，在案件线索移送、信息共享、问题会商、协同生态修复等方面，切实落实与相关行政主管部门的协作配合。上述地方要结合自身地域特色，在国家公园、湿地保护、高标准农田、濒危野生动物保护等方面与相关行政主管部门加强协作机制建设，并推动现有协作机制充分发挥作用与扎实落地，同时依托公益诉讼大数据法律监督平台建设，提升青藏高原公益诉讼检察工作现代化水平，积极加强与行政执法、侦查、审判数据对接融合，推动行政执法、刑事司法与检察公益诉讼衔接，形成青藏高原生态环境保护合力。

本期聚焦

——青藏高原生态保护法实施一周年暨川滇藏甘青新兵团公益诉讼检察协作联席会

BENQI JUJIAO

一体协作履职助力
青藏高原及周边区域生态环境保护

易志斌*

2022年以来，在最高检和兵团党委的坚强领导下，兵团检察机关深入贯彻落实习近平生态文明思想和习近平法治思想，贯彻执行《青藏高原生态保护法》，依托西藏自治区检察院牵头建立的跨省际区域协作机制，以高度的政治责任感和历史使命感抓好青藏高原及周边区域生态检察司法保护工作，以高质效检察履职为青藏高原生态环境保护提供有力司法保障。

一、主要做法

（一）提高思想认识，强化组织领导

一是主动汇报，加强组织领导。2021年12月在西藏签订《关于建立青藏高原及周边区域生态检察司法保护跨区域协作机制的意见》后，第一时间向兵检院党组汇报协议签订情况，并提出贯彻落实意见，兵检院党组作出具体安排部署，强化对该工作的组织领导。分管院领导召开专题会议，对如何落实提出具体要求。

二是细化要求，压实工作责任。为保障工作顺利开展，将工作抓实抓细，根据兵检院党组具体安排，向涉及落实青藏高原生态环境保护工作的相关师检察机关印发《通知》，要求各院对照分解责任，找准工作切入点和重点，精心组织实施，切实抓好工作落实。相关师检

* 易志斌，新疆生产建设兵团人民检察院党组成员、副检察长。

察机关围绕工作重点和当地实际情况，细化工作要求，确保工作落到实处。

三是突出重点，提高工作质效。每年通过年初工作要点、条线工作会议等形式，对青藏高原生态保护工作进行再安排再部署，要求各院结合辖区实际，聚焦荒漠化综合治理、生物多样性保护等重点领域，全面开展线索摸排，持续加大办案力度。2022年以来，与青藏高原相邻的南疆四个师检察机关共办理生态环境保护案件64件，制发检察建议53件，督促保护国有林地、公益林3000余亩，督促保护被污染土壤90余亩，督促清除处理违法堆放的各类生活垃圾9900余吨，督促回收和清理生产类固体废物2500余吨。

（二）加强沟通协作，推进协同治理

一是强化一体履职。青藏高原生态环境保护是一项系统工程。兵团检察机关积极发挥一体履职的体制优势和组织优势，助力推动相关问题解决。一方面，做好上下一体化，加强兵检院及各师分院的统筹协调作用，上下合力推动问题解决。如，2022年6月，兵团检察院组织召开专题工作推进会，听取了相关师检察机关工作开展情况汇报，明确工作目标、重点内容和工作要求，加强对工作的督促指导，统一思想认识。另一方面，做实横向一体化，加强刑事检察、民事检察、行政检察、公益诉讼检察之间的沟通联系，注重全面协调充分发挥“四大检察”职能作用，完善检察机关内部业务部门之间的案件线索双向移送、研判会商、结果反馈等机制。

二是加强部门沟通。兵团检察机关不断加强与行政机关多方面、深层次的沟通协作，用综合履职推动形成更大合力，助力青藏高原生态环境保护系统治理、源头治理、综合治理。深化落实线索移送、调查取证、信息共享等协作机制，加强日常联系。如，兵团检察院与兵团生态环境局、发改委等单位就青藏高原生态环境保护工作进行沟通，研究兵团党委相关部署要求。同时，就专门问题与相关行政机关召开座谈会，推动问题解决。如，第二师检察机关与师自然资源规划局、生态环境局开展座谈沟通，就二师辖区内是否涉及藏西北羌塘高原——阿尔金草原、和田河流域、叶尔羌河—喀什噶尔河流域的保护情况进行研讨交流。

三是善于借助外力。自觉接受人大代表、政协委员、人民监督员等外部监督，充分发挥“益心为公”志愿者、热心群众作用，从中汲取智慧、拓展案源。如，十四师检察机关注重发挥辖区的“益心为公”志愿者的作用，摸排涉生态环境公益诉讼案件线索3条。

（三）深化区域协作，凝聚保护合力

一是完善协作机制。兵团检察机关注重加强保护青藏高原及周边区域生态环境检察信息共享工作，强化工作交流，探索建立信息互通平台，逐步实现信息互通、资源共享。如，兵团检察院加强与林长制办公室的协作配合，签订《关于加强兵团森林草原资源保护　建立“林长 + 检察长”协作机制的意见》。乌鲁克垦区检察院与巴州若羌检察院、青海省海西蒙古族藏族自治州西部矿区检察院签定《阿尔金山及周边、罗布泊区域生态环境和资源保护跨区域检察协作机制》，协作机制涵盖破坏生态环境领域犯罪、生态环境民事行政诉讼、公益诉讼、生态司法修复以及日常工作联络、信息资源共享和线索移送通报反馈、案件办理协作、生态修复协作等方面。第三师检察分院与新疆喀什噶尔河流域管理局签订《喀什噶尔河流域兵团第三师河段水行政执法与检察公益诉讼协作机制实施办法》，形成流域管理和检察保护合力，共同打击水事违法行为。

二是常态化开展区域协作。兵团检察机关主动加强与相邻检察机关的协同配合、协作沟通，切实推动工作开展。2022年4月，兵团检察院第六检察部与自治区检察院第八检察部就兵地公益诉讼跨区域协作进行座谈交流，双方就全面贯彻落实《关于建立青藏高原及周边区域生态检察司法保护跨区域协作机制的意见》工作进行会商，结合自治区和兵团检察工作实际情况，对开展青藏高原及周边区域生态检察司法保护工作进行了充分研讨并达成共识。相关师检察机关也加强与周边地方检察机关沟通联系，2024 年 5 月，新疆巴州检察院、乌鲁克垦区检察院、若羌县检察院、尉犁县检察院联合开展兵地公益诉讼活动，召开联席会并对相关案件线索进行讨论。十四师检察机关两级院先后与策勒县检察院、和田地区检察分院、墨玉县检察院召开座谈会，就青藏高原生态环境保护工作进行协调沟通。

（四）持续跟进监督，做好“后半篇文章”

一是坚持源头治理。在办理案件的同时，注重扩大办案效果，将个案办理与类案治理相结合，实现从个案办理到促进社会治理的监督效果。如，第三师检察机关坚持持续跟进监督的理念，把案件“回头看”作为“规定动作”，扎实做好“后半篇文章”，针对前期办理的生态环境污染案，行政机关整改落实情况开展“回头看”，进一步查漏补缺，杜绝问题反弹，消除风险隐患。

二是加强教育宣传。十四师检察机关针对水资源保护、草场保护、生物多样性保护等领域侵害公益行为，积极联合师市生态环境局、一牧场、224 团、225 团共开展生态环境领域法治宣传宣讲 4 场次，惠及职工群众 5000 余人，不断增强职工群众自觉保护生态环境意识。

二、存在问题

一是案件质效待提升。兵团检察机关注重强化与地方检察机关、相关行政部门的沟通协作，加强案件线索摸排，工作取得了一定的成效。但多为环境污染类的简单案件，有影响、有示范引领意义的重点案件较少，与最高检、兵团党委的工作部署要求还有一定的差距。

二是机制作用发挥不充分。一些检察机关虽与相关行政机关建立了协作机制，但在信息共享、重大情况通报、工作联动等方面作用发挥不全面、不充分。突出体现为相关案件线索主要来源于检察机关自行摸排，行政机关移送案件线索较少。

三是宣传教育有待加强。宣传教育工作不到位，对青藏高原及周边区域生态环境保护工作重要意义宣传工作有待加强，检察门户网站、“两微一端”等媒体平台利用不充分。

三、下一步工作计划

（一）进一步深化思想认识

深入贯彻习近平生态文明思想和习近平法治思想，牢固树立“绿水青山就是金山银山”理念，深刻认识到“冰天雪地也是金山银山”，保护好青藏高原生态就是对中华民族生存和发展的最大贡献，认真落实“高质效办好每一个案件”工作要求，强化质效导向，注重办案质量和工作实效，坚持生态保护第一，主动融入大局、服务大局，积极担负起保护好青藏高原生态环境的公益诉讼检察职责，依法履职，筑牢青藏高原及周边生态安全保障。

（二）进一步深化法律监督

严格落实最高检工作部署，紧紧围绕制约青藏高原区域生态环境保护的堵点、难点问题开展各项工作，在前期工作开展基础上，结合工作实际，突出监督重点，充分发挥检察职能作用，突出办理生态环境和资源保护领域公益诉讼案件，督促行政机关依法履职，以主动担当的检察作为落实最严格的生态环境保护制度。

（三）进一步深化沟通协作

在前期沟通协作基础上，继续加强与行政机关、地方检察机关沟通，树立青藏高原生态环境保护一体化的观念，结合工作实际，加强与相邻检察机关跨区域协作，互联互通，交流互鉴，形成保护合力，共同推进青藏高原生态环境保护工作落地落实。

（四）进一步加强科技支持

做优青藏高原生态环境保护与数字检察战略相结合，深入落实最高检数字检察工作各项部署要求，积极探索大数据法律监督模型兵团本地化运用，以大数据赋能促进办案质效提升。强化技术支持力度，深化卫星遥感、大数据信息平台、无人机、快速检测技术在办案中的应用，切实解决办案中线索核实、勘验取证、固定证据等初始性、基础性技术办案需求。

铸牢上游意识　强化责任担当
以法治力量服务青藏高原生态保护
和高质量发展

王疆立*

四川省位于中国大陆地势三大阶梯中的第一级青藏高原和第三级长江中下游平原的过渡地带。青藏高原地区包括成都、德阳、绵阳、雅安、广元、阿坝、甘孜、凉山 8 个市（州）下辖 47 个县（市），其中高原内部县（市）26 个，高原边缘县（市）21 个，面积约 25.49 万平方公里。自《青藏高原生态保护法》实施以来，四川省检察机关坚持以习近平生态文明思想和习近平法治思想为指导，认真贯彻落实中央《青藏高原生态环境保护和可持续发展方案》和青藏高原七省（自治区）院会签的《关于建立青藏高原及周边区域生态检察司法保护跨省际区划协作机制的意见》，充分发挥检察公益诉讼职能，持续加大案件办理力度，加强生态环境修复治理，牢牢守住青藏高原边缘生态保护红线，为构建青藏雪域高原绿色、可持续发展生态屏障贡献四川检察力量。

一、主要做法与成效

（一）突出监督重点，加大案件办理力度

2023 年 9 月以来，四川涉青藏高原检察机关围绕河流湖泊水资源保护、草原湿地、野生动植物等生物多样性保护、矿产资源保护等领

* 王疆立，四川省人民检察院检委会专职委员。

域侵害公益的行为，立案办理青藏高原生态环境保护公益诉讼案件644件，制发审前检察建议59件，提起诉讼61件。通过案件办理，督促治理被污染、损毁的耕地、湿地、林地、草原20.4亩，督促清理河道20.4公里，治理水域面积387.2亩；督促清理生活垃圾、固体废物、建筑垃圾12549余吨；督促侵权人支付生态损害赔偿金、生态修复费用等726万余元。阿坝、雅安办理的涉青藏高原生态环境保护公益诉讼案件入选全国典型案例4件。四川省三级检察机关办理的若尔盖高寒泥炭沼泽湿地资源保护公益诉讼系列案，入选全国检察机关湿地保护公益诉讼典型案例，2023年11月28日，中央电视台《今日说法》栏目以“守护黄河秀美安澜，河湖大美湿地”专题报道该案。2024年8月15日，该案入选中国法学会环境资源法学研究会、最高人民法院等五部门发布的2023年度中国十大环境司法案例。

（二）聚焦青藏高原森林生物多样性开展精准监督，协同推动极小种群野生植物保护

青藏高原极小种群野生植物蕴藏丰富的遗传资源，对维护生态平衡与健康，维护生物多样性，促进可持续发展具有重要意义。在青藏高原东缘的龙门山脉，成都市院就群数量少、分布碎片化、易受干扰而面临极高灭绝风险的雅安琼楠、单瓣月季、距瓣尾囊草等具有极为珍贵基因资源的极小种群野生植物保护，部署开展公益诉讼检察专项监督，建立生物多样性公益保护法治教育基地，推动龙门山生物多样性协同共治。彭州市院与中科院成都生物研究所开展青藏高原生物多样性保护检院合作，针对距瓣尾囊草因人为活动强度大、资源过度利用导致生境退化或丧失，造成物种数量减少的问题，合作推动距瓣尾囊草生境保护，2024年8月5日，距瓣尾囊草入选《四川省重点保护野生植物名录》，同时推动区域内野生植物香果树、圆叶玉兰、梓叶槭等多种极小种群野生植物得到有效保护。

（三）开展青藏高原草原保护行动，守护世界屋脊绿毯

四川青藏高原地区草原资源丰富，草原类型多样，不仅是农牧民世代经营并赖以生存发展的物质基础，更是长江、黄河上游重要的生态屏障。四川涉青藏高原检察机关围绕退化草原和毒害草治理、鼠害和虫害防治等问题，立案 17 件，其中若尔盖县院对草原上的鼠害防治问题及时开展公益诉讼监督，督促完成鼠害防控 382 万亩，人工种草 2.5 万亩、退化草原改良 4.4922 万亩，确保受损草原得到有效修复。甘孜县检察院针对部分乡镇草原退化问题，督促主管部门及时落实“退化草原人工种草、天然草原改良和监测站项目”，促成实施退化草原人工种草 5000 亩，天然草原改良约 28000 亩，新建监测站 1 个。

（四）健全跨部门跨区域协同治理机制，保持生态环境系统性和完整性

为进一步强化青藏高原长江黄河上游生态屏障保护跨省际区划协作，四川涉青藏高原检察机关强化与周边省份检察机关协作，构建保护合力。若尔盖县院分别与甘肃迭部、碌曲签订《白龙江上游生态环境保护司法协作机制》，与甘肃玛曲县院签订《黄河流域跨区域保护司法协作机制》。壤塘县检察院联合甘孜州色达、果洛州班玛两县检察院为落实《两省三州三县关于加强杜柯河流域生态环境和资源保护公益诉讼跨区域协作机制》，联合开展巡河专项活动。四川省阿坝县、青海省久治县、甘德县检察院会签《建立黄河流域省际跨区域协作保护机制的意见》，全力筑牢黄河流域跨区域生态保护屏障。都江堰院与汶川县院、小金县院会签《关于建立都四山地轨道交通项目沿线生态环境和资源保护检察协作配合机制的实施意见》，联合开展巡河巡查 9 次，协同办理案件 12 件。

（五）坚持经济发展与生态保护并重，维护地区生态平衡

坚持以有效应对生物多样性面临的挑战、全面提升生物多样性保护水平为目标，立足公益诉讼职能，服务生物多样性保护重大工程建设，持续加大国家重点保护植物的保护力度，美姑县检察院推动主管部门就大风顶国家级自然保护区红豆杉、珙桐等国家一级保护植物被盗采、破坏问题强化监管，并督促编制保护区植物资源档案。持续加大古树名木保护力度，广元市旺苍县检察院推动主管部门争取1500余万元对1.75万亩古茶树开展保护，探索古茶树群落文旅融合发展，强化特定植物保护力度。善于从民事公益诉讼案件中发现行政公益诉讼案件线索，省院指导雅安市检察院在一起盗伐林木刑事附带民事公益诉讼案中发现对具有特定用途（制作提琴琴板）槭树科树种保护不力的线索，通过行政公益诉讼推动主管部门开展种群调查和苗圃育种，将种群数量渐趋减少的天全槭纳入四川省重点保护植物名录，在彰显行政公益诉讼独特制度价值的同时，推动了青藏高原植物保护名录的完善，切实保护一个物种。强化青藏高原农业种质资源保护，广元、雅安聚焦种业振兴行动，以苍溪雪梨、花椒古树等地方特色农产品保护为切入口，推动主管部门建立种质资源圃、将种质资源纳入省级种质资源库进行就地或入库保护，切实强化种质资源的保护与利用，让特色农业种质资源可知、可感、可利用。

二、存在的问题

存在的问题主要为生态环境破坏发现难、调查取证难。我省检察机关在办理涉青藏高原生态环境保护公益诉讼案件时发现，违法人员一般选择在交通极其不便、地处偏远、人迹罕至、高海拔地区作案，待发现时，当地生态环境和资源已经遭到严重破坏。

三、下一步工作打算

四川省检察机关将继续深入学习贯彻习近平法治思想和习近平生态文明思想，习近平总书记关于青藏高原生态环境保护的重要指示批示和习近平总书记来川视察重要指示精神，结合四川位于青藏高原边缘和长江上游生态的区位特点，高原向盆地过渡带的地理地貌、生物和水文特征，推动《青藏高原生态保护法》落地落实。

（一）加大涉青藏高原生态环境和资源保护公益诉讼办案力度

紧紧围绕党委中心工作，继续加大公益诉讼办案力度。立足四川省区位实际，找准办案重点领域，围绕服务保障青藏高原生态系统保护和修复、改善城乡人居环境、促进乡村振兴等工作，办理一批有典型性、有影响的案件。针对高原地区盗挖泥炭盗猎野生动物以及违规占用草原、破坏湿地、开矿、修路等生态破坏突出问题开展检察监督，严守生态保护红线、环境质量底线和资源利用上线，定期开展高原地区生态保护问题现场核查，围绕环保督察问题，加大问题整改监督力度，解决突出环境问题，落实青藏高原生态保护主体责任。

（二）进一步强化与行政机关检察协作机制

加强与青藏高原地区生态环境、水利、林草、自然资源以及河湖长、林长制办公室等部门的衔接配合，建立青藏高原生态损害赔偿、环境公益诉讼案件线索和信息通报、共享机制，强化执法部门案件线索移送和调查取证协作，统筹推进山水林田湖草沙冰一体化保护和系统修复，确保高原生态保护各项法律法规的统一实施。

（三）聚焦地方立法衔接，助力四川省青藏高原法治建设

加强与相关单位协作，推动制定《四川省青藏高原生态保护管理办法》等地方法规；推进青藏高原市（州）级协同立法和特色立法，

推动实现青藏高原生态保护跨区域协同“共治”。

（四）提升宣传力度

加强青藏高原生态保护宣传教育和科学普及，传播生态文明理念，适时向社会通报公益诉讼工作和重大案件办理情况，讲好检察公益保护故事，自觉接受群众监督，不断增强司法公信力，鼓励和支持单位、个人参与青藏高原生态保护相关活动。

强化云岭检察公益担当
共筑青藏高原生态屏障

卢义颖*

云南不仅西北部地区相关市县属于青藏高原范围，而且流经省内的金沙江、澜沧江、怒江等大江大河均发源于青藏高原，有着一衣带水的上下游联系，境内云贵高原与青藏高原形成一个相互依存、相互影响的生态系统共同体。根据会议安排，我就云南检察机关的生态环境公益诉讼工作及贯彻落实《青藏高原生态保护法》、深化推进六省区和新疆生产建设兵团保护跨省际区划协作机制的情况，向最高检和兄弟院的领导作简要汇报。

一、工作经验及成效

近年来，云南省检察机关深入学习贯彻习近平生态文明思想、习近平法治思想，在最高检和云南省委的坚强领导下，云南省院党组和王光辉检察长高度重视生态检察工作，不断强化服务保障长江经济带发展和云南建设生态文明排头兵的政治自觉、法治自觉、检察自觉，认真贯彻落实《青藏高原生态保护法》、深化运行六省区和新疆生产建设兵团跨省际区划协作机制，对标对表云南省青藏高原生态环境保护和可持续发展历年重点工作任务要求，以“可诉性”为核心，找准监督工作着力点和切入点，强化公益诉讼办案监督。2023 年以来，全省检察机关共立办生态环境和资源保护领域公益诉讼案件 5498 件，履

* 卢义颖，云南省人民检察院第八检察部副主任。

行起诉前程序5124件，提起诉讼854件。通过办案，共督促修复林地、耕地及被污染土地6076.08亩，清理干支流河道357.65公里，治理恢复被污染水域面积726.8亩，督促清理处理违法堆放的生活垃圾、生产类固体废物10.71万吨，督促依法整治72家污染企业及违法养殖场，25件案件入选全国指导性案例、典型案例、优秀案件，较好体现了“专业化监督+恢复性司法+法治化治理”的检察监督效能。一名检察人员荣获“中国生态文明奖”先进个人、全国“最美文物安全守护人”，省院第八检察部入选全省美丽河湖建设工作先进集体。

（一）持续加大六大水系和九大高原湖泊生态环境与资源保护办案监督

深化“金沙江流域（云南段）和九大高原湖泊生态环境与资源保护”等监督活动，立办涉水领域行政公益诉讼案件1287件、民事公益诉讼案件131件。与省水利厅等4部门联合部署开展河湖安全保护专项执法行动，立办河湖安全保护领域公益诉讼案件213件。落实最高检开展长江船舶污染治理公益诉讼专案办理要求，立办案件14件。全力参与最高检珠江流域水环境治理公益诉讼专案办理，云南专案报告获省委主要领导批示，共立案117件，实现流域5个州市、27个主要县区立案全覆盖。云南省院立办澜沧江小湾水电站库区生态环境综合治理公益诉讼案，办案成效获“益心为公”志愿者好评。昆明市检察机关构建的涉滇流域水环境污染公益诉讼大数据法律监督模型，收集数据40万余条，梳理有效线索347条，立案162件，其中办理的某纸业公司污染金沙江支流案入选最高人民法院指导案例。禄丰市院办理的督促恢复治理罗申河流域矿山案，入选最高检和生态环境部联合发布的长江大保护典型案例。

（二）立足省情，强化生物多样性公益诉讼保护

结合云南“动植物王国”“生物多样性居全国之首”的省情，在部署开展生物多样性保护专项活动的基础上，制定《关于进一步加强生物多样性司法保护工作的意见》，以“万物同舟·检察同行”为主题，持续深化生物多样性司法保护工作。办理生物多样性保护领域公益诉讼案件 931 件，其中涉重点保护野生动植物案件 273 件。大理市院依法向市法院申请了保护苍山生态环境的首份检察民事公益诉讼“禁止令”，禁止花甸坝的无序放牧活动，及时有效维护苍山高山草甸的生物多样性发展。省检察院指导保山龙陵县院办理的诉某镇政府怠于履行外来物种阻截防控监管职责案入选最高法青藏高原生态保护典型案例。

（三）完善制度机制，构建多元共治格局

深化“河（湖）长 + 检察长”“林长 + 检察长”机制运行，对省河长办移送的 700 余条问题线索持续跟进监督，联合发布公益诉讼典型案例 22 件。迪庆州两级院根据州河长办通报线索，立办固体废物污染环境系列案件 32 件。与省自然资源厅等 8 部门联合发布《关于生态环境损害赔偿与检察公益诉讼衔接的实施办法》，与省生态环境厅就完善生态环境保护执法司法配合机制等六方面问题共商达成《会议纪要》。持续推动六省市及新疆生产建设兵团青藏高原及周边区域生态检察司法保护跨省际区划协作、六省区长江上游生态保护跨区域协作等跨行政区划检察协作机制实质化运行，如云南丽江市、宁蒗县与四川凉山州、盐源县两省四地检察院针对泸沽湖生物多样性保护问题，采取联合调查取证、同时送达检察建议等方式，协同办理跨省际公益诉讼案件，提升了同防同治监督效果。云南富源县院与贵州盘州市院督促保护生态环境公益诉讼案入选最高检“西部大开发区域检察协作”典型案例。

二、存在的问题

一是由于青藏高原及周边区域各省经济社会发展水平差异、行政区域跨度大、部门分割性仍较突出等原因，机制运行中还存在一些困难和问题，比如跨省际协作交流的频次和维度深度还不够丰富，案件线索移送、办案协助、资源共享等还没有形成常态化效应。二是执法司法衔接、信息共享仍有壁垒，行政执法信息系统与检察院办案系统之间尚未实现全面对接，无法形成执法司法大数据池，检行沟通不够深入，协作配合机制有待进一步发挥。三是监督办案质效有待提升，运用大数据模型赋能公益诉讼办案的深度和广度不足，办理有代表性高质效案件不多。

三、下步工作打算

生态环境保护是一项系统工程，需要各方共同努力。云南检察机关将牢固树立“一盘棋”思想，切实增强守护好西南生态安全屏障的责任感、使命感，主动担当作为，认真贯彻落实《青藏高原生态保护法》，在协作机制框架下与兄弟省市开展更深层次、更广范围的密切协作，倾力打造区域检察工作命运共同体，共筑祖国西部生态安全屏障。一是提高政治站位，强化责任担当。认真贯彻落实习近平总书记考察云南讲话精神和党的二十届三中全会精神，牢固树立和践行司法为民、绿色发展等理念，切实增强发挥公益诉讼职能、服务和保障大局的责任感和主动性。二是加大力度抓办案，聚焦香格里拉国家公园设立、高黎贡山国家公园创建等自然保护地整合优化建设、自然生态系统有效修复、城乡生活垃圾和水污染治理、农村人居环境整治等青藏高原生态环境保护和可持续发展重点工作，助力中央环保督察和长江经济带警示片涉青藏高原问题线索整改，大力开展跨区域、流域治理监督，高质效办好每一个涉青藏高原生态环境和资源保护公益诉讼案件，实现“三个效果”有机统一。三是依托科技赋能强化一体化办案。以大数据监督模型开发运用作为提升能力的举措和抓手，推动行政执法与检察公益诉讼大数据实时共享，以数据科技助力公益诉讼办案转型升级、提质增效。四是积极推动区域生态修复同防同治新模式。加强对跨区域生态环境保护热点重点问题的研判分析，探索建立毗邻省、市、县三级院跨区域生态司法修复联动办案机制，形成区域内生态修复齐抓共管、同防同治新模式，协同推进生态优先和绿色发展，努力实现办理一个案件、修复一片生态的良好效果。

守护好“地球第三极”“中华水塔”，是检察机关光荣而神圣的使命。我将认真贯彻落实本次会议精神，在最高检的坚强领导和各兄弟省区检察机关的通力协作下，以此次会议为新起点，必将开启合力筑牢祖国西部生态安全屏障、促进新时代生态文明建设新的篇章。

公益诉讼检察聚焦青藏高原生态保护服务创建国家生态文明高地

格桑旺姆*

习近平总书记高度重视青藏高原生态保护，明确指出，西藏是我国重要的生态安全屏障，保护好青藏高原生态就是对中华民族生存和发展的最大贡献。近年来，西藏检察机关在夏克勤检察长为班长的带领下，积极践行习近平生态文明思想、习近平法治思想，始终秉持生态保护第一，树牢“绿水青山就是金山银山、冰天雪地也是金山银山”理念，按照自治区党委的决策部署、最高检的工作安排，立足检察职责职能，深入探索高水平司法保障推进青藏高原生态安全屏障建设、创建国家生态文明高地的法治路径，助力青藏高原及周边生态环境保护和经济社会高质量发展。下面，我汇报交流西藏检察四个方面的做法。

一、坚持党的绝对领导，牢记法律赋权、充分履行检察职能，全力服务保障国家生态文明高地创建工作

西藏全境位于青藏高原，是地球之巅、千山之宗、万水之源、冰雪茫茫。我区的自然保护区总面积占全区国土面积的三分之一以上，禁止开发或限制开发区域面积约占全区国土面积的70%。高原海拔高、气候寒冷、干旱、生态系统中物质循环和能量交换过程缓慢，一旦破坏，恢复十分缓慢，且土壤抗蚀能力差、自然恢复难度大，生态环境

* 格桑旺姆，西藏自治区人民检察院党组成员、副检察长。

保护责任重大。

近年来，全区检察机关在自治区党委和最高检正确领导下，在兄弟省市检察机关、相关单位的大力支持下，坚持以习近平新时代中国特色社会主义思想、习近平生态文明思想为指引，全面贯彻党的二十大精神，深入贯彻中央第七次西藏工作座谈会精神，贯彻落实自治区第十次党代会和《西藏自治区国家生态文明高地建设条例》、西藏自治区人民代表大会常务委员会《关于加强新时代公益诉讼工作的决定》部署要求，立足检察职能，聚焦稳定、发展、生态、强边“四件大事”、聚力创建全国民族团结进步模范区、创建高原经济高质量发展先行区、创建国家生态文明高地、创建国家固边兴边富民行动示范区“四个创建”，依法打击涉生态环境领域刑事犯罪，切实履行检察机关“公共利益代表”的职责使命，为服务创建国家生态文明高地贡献检察力量。

2021 年以来，西藏检察机关累计受理审查起诉破坏生态环境和资源案件 178 件 444 人，依法提起公诉 135 件 300 人；行政检察监督案件 50 件，其中行政裁判监督案件 28 件，非诉执行案件 22 件；收集生态环境和资源保护领域公益诉讼线索 3725 件，经调查立案 2646 件，提出检察建议和发布公告 1137 件；提起诉讼 51 件，生态环境公益诉讼检察工作取得明显成效。

二、坚持高质效办案，充分运用一体化办案、努力探索预防性公益诉讼，青藏高原生态公益检察保护办案模式效果初显

为深入贯彻“高质效办好每一个案件”的新时代新征程检察履职办案基本价值追求，提升公益诉讼检察办案“精准性”“规范性”，我们立足高质效办好每一个公益诉讼案件，不断提升办案能力，在线索

受理、立案阶段就预判办案走向、办案成效。

全区三级检察机关结合西藏特殊区情，强化检察一体上下联动，强化“四大检察”协同保护，依托《西藏检察机关公益诉讼一体化办案实施办法》形成了上下一体、指挥有力、协作密切、运转高效的一体化办案机制，推进生态环境资源保护。在日喀则市院督促保护黑颈鹤国家级自然保护区土地行政公益诉讼中，该案线索系区检院在案件评查中发现交办，在办理过程中八部派业务骨干前往日喀则进行业务指导，同时针对自治区林草局对此案中非法开发行为未依法履职立案自办。不断深化“专业化监督＋预防性办案＋社会化治理”生态检察模式，以一体履职、综合履职精准监督，以改善水生态环境质量为核心，抓住保护水资源、防治水污染等主要任务，开展“亚洲水塔保护”专项，进一步全面落实“河（湖）长＋检察长＋警长”协作机制，保蓝天、护碧水、守净土、佑生灵，以有力检察履职保护西藏最美生态。

2021 年至 2024 年 10 月，通过依法办案，督促相关主管单位和个人恢复、保护被毁坏林地等 498.15 亩、永久基本农田 296.92 亩、湿地 54.77 万亩、草地 235.39 亩，补植复绿 2439.29 亩；督促治理恢复被污染水源地 156.76 亩、土壤 176.72 亩，督促清理被污染和非法占用河道 803.2 公里、被污染水域 2001.03 亩、增殖放流鱼苗 10.86 万尾；督促清理违法堆放的生活垃圾 1.34 万吨、固体废物 5.2 万吨。

2024 年，全区检察机关公益诉讼条线聚焦最高检“检护民生”专项行动，结合西藏工作实际，坚持检察一体化办案机制，开展了六大专项，加大自办案件力度，指导、督办下级院高质效办案，三级院联动解决办案中遇到的困难，着力提升办案质量，清理凑数案、水分案，尽管办案数量有所下滑，但全区公益诉讼检察办案质量有了明显提升，共有 8 件案件被最高检评为典型案例。

三、坚持沟通协作，深化保护共识，凝聚工作合力，青藏高原生态公益检察保护工作机制不断完善

全区检察机关坚持山水林田湖草沙冰系统治理，深化跨系统、跨区域、跨部门协作，推动形成生态环境保护治理新格局。坚持司法与普法相结合，用好主流媒体阵地，用活传统媒体和“两微一端”新媒体，广泛宣传生态检察公益诉讼工作，凝聚“多方参与、共治共享”的社会合力，积极推进“益心为公”志愿者检察云平台建设，借助志愿者紧密联系群众接受人民监督。借助检察开放日等活动邀请部分全国、自治区、拉萨市人大代表、政协委员、拉萨军事检察院代表及“益心为公”志愿者，介绍检察机关发展历程、公益诉讼案件履职程序、职责范围、办案成效及参观数字检察、公益诉讼快速检测实验室、检史厅等，深入了解公益诉讼检察职能，“零距离”感受公益诉讼检察工作，并在办案中通过召开检察听证会形式，邀请人大代表、政协委员、“益心为公”志愿者，推动司法公正。

秉持“双赢多赢共赢”理念，督促、协同、配合相关行政机关依法履职，与环保、公安、水利、林草、应急等部门联合制定协作机制，有力推进相关领域工作开展。2024 年 2 月 4 日，区检院会同自治区林草局、发改委、司法厅等行政机关会签《西藏自治区湿地保护部门协作和信息通报机制方案》，为西藏生态环境保护形成工作合力。

持续深化区内外检察跨区域协作配合。从流域治理高度探索生态治理新模式，着力推动解决分头治理、联动性不足等问题。林芝市院、拉萨市院、日喀则市院、山南市院联合印发《雅鲁藏布江流域生态环境资源公益诉讼检察保护协作机制》，凝聚“一江共治”检察合力，全方位、全领域、全过程加强和改进雅鲁藏布江流域生态环境和资源保护工作。西藏区院衔接渝川滇青甘新等周边省区检察机关，共同签署《关于金沙江流域生态环境行政公益诉讼跨省际管辖协作办法（试

行)》《关于建立青藏高原生态公益司法保护跨区域检察协作机制的意见》,推进形成跨区域生态保护司法合力。

四、坚持技术支撑,重视科技赋能、积极应用法律模型,青藏高原生态公益检察保护的履职基础不断夯实

西藏海拔高、面积大、人口少,传统办案方法成本大,无人机、无人船、空天地卫星遥感等技术应用场域广阔,我们注重加强新质生产力运用,以科技赋能高质效办案、加强专业化队伍建设,以科技赋能提升办案质效。2023年以来,我们加快公益诉讼实验室建设,助力公益诉讼提质增效。全区共建成实验室62间,配置无人机72台、勘察箱54个、勘查车22辆、无人船1台,利用无人机、快检、卫星遥感等勘验取证技术办案。举办全区检察机关公益诉讼检察勘验取证技能培训班,以赛代训,降低干警本领恐慌,强化快检技术运用。强化大数据法律监督模型运用,有效解决线索发现难等问题。如昌都市院运用水质实时监控技术,立案办理类乌齐县人民政府怠于履行县城滨江路污水直排紫曲河管理职责行政公益诉讼案,督促行政机关处置生活污水直排口5处,申报4670万元用于排水管网项目建设、6000万元用于污水处理厂提档升级项目建设。如林芝市院针对古树名木保护,建立"公益诉讼守护青藏高原古树名木行政公益诉讼大数据监督模型",组织全市检察机关开展模型运用,截至目前,全市共受理古树名木资源保护案件线索13件,立案10件,发出检察建议3件,磋商3件。一年多来,全区检察机关依靠技术支撑,截至目前共摸排涉青藏高原生态保护案件线索963件,立案762件,磋商185件,制发检察建议309件;督促主管机关治理河道1700余公里、水源地68处、封堵排污口3个。

虽然,西藏检察机关在司法保障服务生态保护方面作出了积极实

践，但对标新时代党和人民更高要求，对比兄弟检察机关仍有一定差距。下一步西藏检察机关一定继续按照自治区党委和最高检工作部署，贯彻落实好本次会议精神，学习好兄弟省份检察机关宝贵经验，为青藏高原生态保护贡献更大的检察力量！

甘肃省检察机关实施青藏高原生态保护法工作情况

杨 波*

甘肃省青藏高原地区包括甘南、临夏等8个市（州）27个县（市、区），面积约9.37万平方公里，占全省总面积的22%，占青藏高原总面积的3.63%，是黄河、长江重要水源涵养区，也是国家西部生态安全屏障综合试验区，在青藏高原地区生态保护和可持续发展中具有重要地位。根据会议安排，现将青藏高原生态保护法实施以来，甘肃省检察机关公益诉讼工作开展情况报告如下。

一、办案情况

全省涉青藏高原地区检察机关坚持以习近平新时代中国特色社会主义思想为指导，深入学习贯彻习近平总书记来甘讲话重要精神，立足公益诉讼检察职责，监督相关部门履行青藏高原生态保护法。2023年9月以来，全省立案涉青藏高原保护公益诉讼案件658件，发出检察建议469件，提起公益诉讼65件。通过办案，督促清理河道50公里，督促治理被污染毁损的耕地、林地、湿地、草原等3100余亩，督促清理违法堆放的生活垃圾1100余吨，补植树木2.8万余株，追缴生态环境损害赔偿资金和野生动植物资源损害赔偿费用1670余万元，持续推动青藏高原生态环境向好发展。

---

* 杨波，甘肃省人民检察院党组成员、副检察长。

二、主要工作做法及成效

（一）主动融入大局，担起青藏高原生态保护政治责任

省检察院党组立足甘肃区位特点，树牢“全流域意识”，完善生态大协同格局，将深化生态环境司法保护，作为全省检察机关重要工作内容推进。主动对接中央、省委关于青藏高原生态环境保护和可持续发展安排部署，在省委相关方案中明确“推进公益诉讼工作”内容，为公益诉讼工作开展提供支撑。在《甘肃省应对气候变化及节能减排工作 2023 年工作要点》中，首次明确探索开展认购碳汇替代生态环境损害修复机制在公益诉讼检察工作的运用，更好发挥公益诉讼协同守护青藏高原的职能作用。2023 年以来，省院分别在全省河（湖）长制工作会议、首届服务保障黄河国家战略检察论坛、秦岭保护、湿地保护、荒漠化治理等会议上作主题交流发言。

（二）突出监督重点，筑牢青藏高原生态司法保护屏障

聚焦祁连山北麓水源涵养、甘南黄河上游生态治理、荒漠化防治和青藏高原矿山生态修复等，突出监督重点，有效破解青藏高原生态保护难点、堵点。一是持续加大水资源保护力度。联合省水利厅建立甘肃省水行政执法与检察公益诉讼协作机制，开展水资源保护专项行动，开展青藏高原重要水源补给涵养保护，立办公益诉讼案件 89 件，制发检察建议 67 件，提起行政公益诉讼 1 件，督促收回水资源费 486 万余元。甘南州玛曲县院持续深化“黄河首曲”公益诉讼检察品牌，着力解决草原鼠害、草原沙化、水土流失等突出问题。二是助力祁连山北麓生态系统修复。张掖市肃南县院针对非法采挖冬虫夏草、锁阳等国家重点保护野生植物，破坏祁连山生态平衡的行为，开展“守护生态屏障清源断流”专项行动；酒泉市肃州区院以祁连山生态系统修复为抓手，针对非法开垦导致野生红柳、草原毁坏的行为，追偿修复

费用478万余元。三是推动青藏高原矿山整治修复。聚焦甘南、陇南等矿山集中开采区，以矿山企业违规占用草原林地、矿山生态修复治理不到位等问题为重点，加大办案力度。省院对中央环保督察反映的“甘南州生态保护主体责任落实不到位，无序采砂突出”问题线索进行调查，对整改工作持续开展跟进监督。四是服务保障高原生物多样性。加大藏羚羊、大熊猫、雪豹、西藏山溪鲵以及红豆杉等野生动植物资源的保护力度。省院联合省生态环境厅召开“检行合力共护多彩甘肃”新闻发布会，发布生物多样性保护典型案例13件；陇南市院部署开展生物多样性保护专项监督，提起民事公益诉讼25件，依法追究破坏者的民事侵权责任。

（三）守护美好生活，探索高原民生保护最优解

一是紧盯污染防治，改善高原人居环境。定西市检察机关以建设工程项目扬尘大气污染物环境保护税漏征漏缴为“小切口”，开展环境保护税征收专项监督，共制发检察建议29份，追缴环境保护税354万余元；甘南州检察机关部署开展“牲畜尸体无害化处理”专项活动，针对随意丢弃死因不明牲畜尸体的行为，制发检察建议12份，督促行政机关及时无害化处理死因不明牲畜尸体，推动高原畜牧业健康安全发展，改善高原人居环境。二是聚焦农业生态，助力高标准农田建设。武威市古浪县院开展撂荒地整治专项监督行动，督促行政机关“因地施策”，整治撂荒地1.6万亩，合力推动7400余亩撂荒地整治纳入高标准农田建设项目，根源治理耕地“再撂荒”问题。三是深耕陇原底蕴，推动历史文化遗产保护。甘南州迭部县院以青藏高原农业文化遗产和灌溉工程遗产保护为抓手，立足扎尕那农林牧复合系统保护，制发检察建议8份，督促行政机关建立扎尕那环境保洁制度和景区垃圾填埋管理机制，已组织人员800余人次，清理各类垃圾10余吨。

（四）健全工作机制，加强青藏高原生态保护体系建设

坚持生态保护系统思维，着眼区域治理与整体保护，强化检察机关跨区域协作机制建设，推进山水林田湖草沙冰综合治理、系统治理、源头治理，提升治理能力，完善治理体系。一是建立跨区域一体化生态保护协作机制。省院与西藏、四川等省级院建立了青藏高原跨区域保护协作机制。酒泉、张掖、甘南、陇南等地与相邻检察机关建立黑河、白龙江等重要河流的区域生态保护机制；酒泉、张掖、武威、金昌、嘉峪关等省域内检察机关针对沙化治理、生态保护等建立了协作机制，为青藏高原生态保护提供检察机制保障。二是完善检察公益诉讼与生态环境损害赔偿衔接制度。省检察院联合省生态环境厅、省自然资源厅等六部门联合印发《甘肃省生态环境损害赔偿与检察公益诉讼衔接协作工作办法》，进一步强化协同配合，凝聚生态环境治理和保护合力。三是探索生态环境修复新方式。积极与当地林草部门对接，探索认购碳汇方式替代赔偿金直接支付。与相关行政机关共建生态修复基地，常态化开展补植复绿生态修复活动。武威检察机关会同法院、财政、林草等部门制定《关于建立生态环境资源民事公益诉讼和碳汇司法保护案件办理协作机制的意见》，积极打造检察碳汇司法保护实践基地，向林草部门移交生态损害治理费1120万元，助力建设碳汇林2.62万亩。四是健全公众参与等社会共治机制。积极探索代表建议、政协提案与检察公益诉讼衔接转化机制。强化执法司法协同协作，落实“河（湖）长+检察长”“林长+检察长”工作机制。完善社会支持机制，依托“益心为公”检察云平台，积极引导社会公众有序参与生态环境保护与治理。

三、存在的问题和困难

一是部分检察院中生态环境专业人才缺乏，办案力量不足，线索

发现、调查取证、庭审应对、解决深层次问题等能力需进一步提升。二是系统思维、协同履职观念树的不牢，跨区域跨流域案件经验不足，协同办案实践少。检察公益诉讼与生态环境损害赔偿衔接配合力度、参与度还需进一步加强。三是生态环境和资源保护领域“四大检察”融合履职、办案质效等，还需进一步加强。

四、下一步工作打算

一是进一步增强履职自觉。聚焦青藏高原生态保护这一主线，加强山水林田湖草沙冰综合保护、系统治理，突出水资源保护、生态修复、矿山治理、沙化防治等重点，充分发挥公益诉讼检察职能作用，全面加强生态环境司法保护。二是深化务实协作，凝聚工作合力。青藏高原生态保护涉及面广、联动性强。我们将推动各项协作机制落地见效，加强区域协同办案和流域治理，探索生态环保大数据监督，通过数据赋能，拓展监督广度、深度，提升生态环保检察工作现代化水平。三是加强队伍素质能力建设。通过一线调研、实践教学等方式加强对基层院生态环保检察工作的指导。

以高质效检察履职
推进青藏高原生态保护和高质量发展

宋兆录*

一、主要工作开展情况

（一）围绕中心大局，积极谋划检察工作

一是强化责任担当。青藏高原是众多大江大河发源地，拥有丰富的野生动植物资源，是我国乃至亚洲的生态安全屏障。青海省全境位于青藏高原地区，对国家的生态平衡和可持续发展有着重要的影响。省检察院党组多次专题召开党组会，系统学习，深入研究，充分认识《青藏高原生态保护法》实施的重大意义，切实找准检察工作的切入点和着力点。二是加强统筹谋划。聚焦服务生态文明高地建设、服务国家公园示范省等重点工作，部署生态环境检察工作。出台《关于坚持生态保护优先常态化服务打造生态文明高地的实施意见》《关于充分发挥检察职能服务创建美丽中国先行区的实施意见》等，不断强化法律监督主责主业，切实履行好维护青藏高原生态安全、保护三江源、保护“中华水塔”的政治责任。

（二）坚持综合履职，狠抓司法办案

一是依法严惩犯罪。深入落实与青海省公安厅、青海省自然资源厅等单位会签行政执法与刑事司法衔接办法，开展破坏生态环境资源犯罪立案监督专项活动，2023 年 9 月至今，共受理环资类刑事一审公

* 宋兆录，青海省人民检察院党组成员、副检察长。

诉案件 130 件 268 人，其中非法捕捞水产品案 12 件 65 人，危害珍贵、濒危野生动物案 20 件 49 人，危害国家重点保护植物案 7 件 26 人。二是强化公益司法保护。加大生态环境和资源保护领域公益诉讼办案力度，共办理案件 1373 件，通过办案督促治理恢复被污染水源地 61 处，督促清理污染和非法占用的河道 19 公里，督促保护被污染的土壤 859 亩，督促恢复被非法开垦和占用的草原 97325 亩，督促清除处理违法堆放的各类生活垃圾和固体废物 10004 吨，督促关停和整治造成环境污染的企业、违法养殖场 45 家。三是推动一体保护和系统治理。加强公益诉讼检察青海湖裸鲤增殖放流基地建设，维护青海湖的生物多样性。部署开展"强化野牦牛公益司法保护"专项活动。助力改善野牦牛等珍贵、濒危野生动物栖息地生存环境。依照《青藏高原生态保护法》办理了非法猎捕国家一级野生保护动物野牦牛、非法捕捞鄂陵湖特有鱼类刑事附带民事公益诉讼案，督促保护高原特有珍稀植物红景天行政公益诉讼案等案件，取得了较好的社会效果。三江源头检察机关针对辖区内频繁发生的"熊出没"问题，立案办理行政公益诉讼案件 58 件，推动省林长办出台治理"熊出没"问题 7 项措施，健全完善应急预案 49 项，有效解决三江源地区人兽冲突问题。

（三）坚持创新履职，提升检察办案质效

一是探索生态环境公益诉讼巡回检察。在三江源地区（"一片"）、环青海湖地区（"一圈"）、祁连山南麓青海片区（"一线"）三个区域，试点开展生态环境公益诉讼巡回检察，探索以"属地检察 + 巡回检察 + 专项治理"解决河湖跨流域、地域跨区划、管理跨部门的"三跨"重点生态功能区生态环境保护突出问题。两年多来，组织开展覆盖三个区域的巡回检察 8 次，摸排案件线索 377 件，立案 315 件。二是深化一体履职。在健全黄河青海流域跨区域检察协作和环青海湖检察协作机制的基础上，建立服务三江源国家公园、祁连山国家公园、青海湖国家公园的三个“检察一体化协作圈”，沿黄河八个市州检察院建立黄河上游青海段跨区域检察协作机制。构建地域问题各司其职、全域问题紧密配合、跨界问题相互支持的环青海湖生态公益司法保护协作圈。三是加强外部协作。协调西北高原生物研究所出具青藏高原特有物种的野牦牛、鄂陵湖拟鲇高原鳅、极边扁咽齿鱼价值鉴定评估报告，有效破解重点保护野生动物生态环境损害赔偿价值评估难题。会同省林业和草原局印发《关于建立湿地保护领域行政执法与公益司法协作机制的意见》，与省自然资源厅等 7 家单位会签《关于建立“中华水塔”守护人 + 公共利益代表行政执法与公益司法协作机制的意见》，凝聚青藏高原生态保护治理合力。

（四）提高思想认识，深化学习宣传

一是开展专题辅导。为深入贯彻实施好《青藏高原生态保护法》，邀请全国人大常委会法工委行政法室同志为全省检察干警作专题辅导报告，结合检察机关职能提出实践路径，为全省检察机关工作开展提供借鉴和指导。二是开展交流研讨。省检察院在首批国家公园总体规划正式发布一周年之际，组织召开首届检察机关服务国家公园建设研讨会，就深入学习贯彻总书记关于推进国家公园建设重要指示精神及贯彻落实《青藏高原生态保护法》开展研讨交流，为检察履职服务国家公园建设搭建交流平台，推动经验共享。

二、存在的问题

一是学习贯彻还不够深入。检察干警对《青藏高原生态保护法》的理解和把握还不够准确全面，生态环境保护领域案件成效还不够显著，办案力度还需加强。二是监督能力和水平尚需进一步提高。敢于监督、善于监督的理念还需加强。缺乏主动监督的意识，不善于发现

线索、收集证据。对于办理“硬骨头”案件存在畏难情绪。三是协作机制有待进一步推进。省检察院与省级行政机关、兄弟省份检察机关建立了不少协作机制，旨在通过省级协作，破解基层办案难题，但目前协作机制的作用发挥不够充分。

三、下一步工作安排

一是加强工作统筹。持续抓好我省生态环境保护中发现的突出问题，通过公益诉讼推动整改整治，督促相关行政机关积极履职，促进成果转化。

二是推动高质量办案。严格按照有关规定加大案件办理，提升办案质效。充分释放在三江源地区、祁连山南麓青海片区、环青海湖地区等重点区域探索开展生态环境公益诉讼巡回检察的创新动能，不断优化服务守护长江黄河等国家战略的方法措施，助推整治青藏高原生态环境领域突出问题。

三是完善工作机制。加强省际之间案件办理的协作力度，充分利用协作机制，强化公益诉讼案件线索移送和信息交流等方式，推动完善生态环境损害赔偿与公益诉讼检察衔接机制，不断形成执法司法合力，推动构建青藏高原生态环境共建共治共享新格局。

充分发挥检察职能　凝聚青藏高原生态保护合力　推动新疆高质量发展

乃比·艾买提*

2023年9月1日《青藏高原生态保护法》实施以来，新疆检察机关把贯彻落实《青藏高原生态保护法》和《青藏高原生态环境保护和可持续发展方案》作为服务保障青藏高原重要生态系统和修复重大工程的重要抓手，紧紧围绕制约我区青藏高原区域生态环境保护的堵点、难点问题开展公益诉讼检察监督工作，以主动担当的检察作为落实最严格生态环境保护制度。现将工作开展情况总结如下：

一、基本情况

截至2024年9月，巴州、克州、和田、喀什检察机关共摸排涉青藏高原生态环境和资源保护领域案件线索79件，立案79件，其中行政公益诉讼案件78件，磋商结案21件，发出检察建议55件，行政机关均已按期回复并全面整改；民事公益诉讼1件，法院全部支持了诉讼请求。通过办案，保护青藏高原区域被污染土壤7亩，督促恢复被非法开垦和占用的草原5.05亩，督促修复被损毁的湿地0.3亩，督促清理水源地面积8亩，督促相关部门清理建筑垃圾30.5吨、生活垃圾、固体废物220.9吨，督促回收和清理危险废物0.5吨，起诉公益损害人缴纳生态环境修复费用0.5万元。

---

* 乃比·艾买提，新疆维吾尔自治区人民检察院党组成员、副检察长。

二、主要做法及成效

（一）聚焦服务大局，高度重视青藏高原生态环境保护工作

党的十八大以来，习近平总书记多次就青藏高原生态保护发表重要讲话，作出重要指示。2023年9月1日《青藏高原生态保护法》正式实施，更体现了党中央用最严格制度最严密法治保护青藏高原生态环境的决心。《青藏高原生态保护法》第51条首次对检察机关开展公益诉讼，加强青藏高原生态保护司法保障建设等内容作出了明确规定，对检察机关加强与行政机关协调联动、加快构建青藏高原生态环境保护法律监督体系具有重要意义。2023年9月以来，自治区人民检察院多次对青藏高原生态环境保护工作作出部署，要求涉青藏高原四地州检察机关认真贯彻落实自治区党委工作部署和最高检工作要求，以最严格的生态环境保护力度，紧盯重点区域领域，统筹推进生态保护和生态修复，强化源头治理和系统治理，筑牢青藏高原生态安全屏障。

（二）强化监督效能，主动向党委人大请示汇报

巴州检察院根据阿尔金山非法采矿专项监督活动发现的行政执法权缺位问题，向自治州党委依法治州办提交《关于进一步加大阿尔金山国家级自然保护区保护力度的情况报告》，汇报阿尔金山保护存在的问题，州党委书记作出批示，相关工作获得州党委大力支持；喀什检察分院2024年向地委、政法委报送《喀什检察机关关于开展检察公益诉讼助力高标准农田建设专项工作的调研报告》，得到各级领导批示认可。塔什库尔干县检察院向县委、人大、政协报送塔县“高原冰川生态保护”专项监督举报线索的公告，并向县委、县政府报送生态环境和资源保护检察公益诉讼工作情况汇报，青藏高原保护作为该报告中一项重要工作得到县委书记认可并作出批示。

（三）加强内部协作，一体化履职凝聚青藏高原保护合力

自治区人民检察院强化内部纵向、横向协作，不断加强刑事司法和检察公益诉讼衔接配合，在涉青藏高原案件上严格落实刑事责任、民事责任、行政责任“一案三查”制度，多措并举形成监督合力，全面保护青藏高原生态环境。巴州地区检察院刑事、行政、公益诉讼一体履职办理阿尔金山非法采矿系列案件，严厉打击青藏高原区域非法采矿违法犯罪，追究各方当事人生态损害责任，督促相关行政机关依法履职。喀什分院指导塔县院开展帕米尔高原“雪山冰川”生态保护专项行动，督促整治慕士塔格峰雪山脚下垃圾处理场规范运行，还雪域高原洁净环境；指导叶城县检察院开展保护叶尔羌河流域专项行动，督促清除各类垃圾，规范医疗废物处置，拆除违法建筑，修复流域生态，保障行洪安全。克州院一体化开展托什干河流域及国家湿地保护公园生态环境问题专项监督，清理河道垃圾、动物尸体等200余吨，治理污水直排托什干河，推动乡镇污水处理厂、生活污水管网建设，督促行政机关对非法采砂处罚0.5万元，没收违法所得1.6万元，恢复采砂区河道原貌350立方米。和田检察机关一体履职办理了喀拉喀什河生态环境保护、216国道周边野生动物保护、羌塘自然保护区环境污染、219国道周边生态环境污染、昆仑山水源涵养区保护、赛图拉哨卡遗址保护等公益诉讼案件，取得了良好的政治效果、法律效果和社会效果。

（四）完善机制建设，持续扩大公益保护“朋友圈”

为共同保护好青藏高原生态环境，检察机关继续在完善、落实跨区域协作机制上下功夫。和田地区检察分院与西藏阿里地区检察分院、乌鲁木齐军事检察院建立《关于建立青藏高原及周边区域生态环境资源和文物、国防和军事利益跨区域检察司法保护协作机制的意见》，着眼于昆仑山、班公湖等重要山川、河流、湖泊开展跨区域治理；巴

州检察院依据会签的《阿尔金山及周边区域跨区域协作机制》，邀请青海海西州西部矿区检察院、兵团二师检察院、库尔勒铁路运输检察院等8家检察院召开阿尔金山、罗布泊“非法穿越、非法探采、非法盗猎”工作座谈会，对相关线索展开研讨；喀什地区检察机关充分发挥“河长+检察长”机制作用，在红其拉甫河、塔干河流域沿线开展常态化监督，共督促清除违法堆放的各类生活垃圾、建筑垃圾、固体废物累计12吨。

（五）加大宣传力度，共筑青藏高原保护屏障

为贯彻落实习近平生态文明思想，坚持“绿水青山就是金山银山”“冰天雪地也是金山银山”理念，守护高原人居环境，各级检察机关注重在办案中加强宣传，讲好检察故事。墨玉、叶城、乌恰、若羌等地检察院在“检察开放日”活动中，加入对《青藏高原生态保护法》的解读，从违法犯罪、行政处罚、公益损害等角度向社会大众释法说理；克州检察机关在办理高原湿地保护小专项中，针对牧民随意将死亡牲畜丢弃在湿地保护范围内的情况，在督促行政机关依法履职的同时，深入湿地周边农牧民家中发放《青藏高原生态保护法》《湿地保护法》图解300余册，向农牧民宣传保护高原湿地、可持续发展的重要性。

三、存在的问题

一是检察机关与行政机关行政执法信息共享平台尚未建成，影响了信息共享及线索发现移送机制的落实。保护新疆青藏高原区域生态环境具有紧迫性，部分环境污染和生态破坏行政执法案件未进行修复治理，检察机关难以及时掌握案件线索，受损公益不能得到及时有效修复。

二是个别行政机关理念尚未转变，在检察机关监督办案中消极配合调查取证，涉及鉴定等专业问题时因缺少专业人员和鉴定检测设备而存在畏难情绪；部分行政机关在进行整改时以经费紧张、人员短缺、工作任务重为由拖延整改期限、降低治理效果。

三是高原生态环境和资源保护案件专业性强，检察人员自身能力素质还不能满足监督办案需要。全疆范围内鉴定机构少、鉴定费用高、鉴定程序周期长等问题突出，专门针对高原生态环境损害鉴定的机构更少，影响涉青藏高原固废污染、非法捕猎、非法采矿等案件的办理。

四、下一步工作计划

一是提高政治站位，自觉落实自治区党委、政府对青藏高原保护工作的部署，加强与生态环境、自然资源、林草、水利等行政机关的沟通，适时召开专题联席会议或研讨活动，深化行政机关对检察机关法律监督职能的认识，进一步凝聚共识，促进检察机关、行政机关同向发力。

二是秉持“双赢多赢共赢”理念，总结、深化、拓展“检察长+河长（湖长、林长）”协作模式，充分发挥已有各类会签机制的协调作用，在移送线索、信息共享、调查取证、技术咨询等方面进一步加强协作机制的落实，着力消除检察监督与行政执法信息壁垒，避免协作机制停留在口头上、纸面上。

三是持续关注青藏高原生态环境突出问题、重大事件，加大“四大检察”一体履职力度，依法打击违法犯罪、保护受损公益，开展涉青藏高原生态环境保护和可持续发展专业培训，提升检察干警证据固定、补充侦查、生态修复等方面的办案能力，加强队伍建设，提升办案水平，高质效办好涉青藏高原案件。

工作研究

GONGZUO YANJIU

健全“益心为公”志愿服务体系

邱景辉 *

2024年8月13日，习近平总书记回信勉励湖北十堰丹江口库区的环保志愿者弘扬志愿服务精神，带动更多人自觉守水护水节水，为推进人与自然和谐共生的现代化贡献力量。10月10日，习近平总书记回信勉励“银龄行动”老年志愿者代表，既要老有所养、老有所乐，又要老有所为，为推进中国式现代化贡献“银发力量”。

检察机关深入贯彻习近平总书记关于志愿服务的重要论述和系列重要指示批示精神，落实中共中央办公厅、国务院办公厅《关于健全新时代志愿服务体系的意见》（以下简称《意见》）的部署要求，积极推动“益心为公”志愿服务更加精准化、常态化、便利化、品牌化。

10月22日，最高检发布11件民主党派、无党派人士“益心为公”志愿者参与辅助长江生态环境保护检察公益诉讼办案典型案例，同步发布无党派人士“益心为公”志愿者“小天老师”支招破解飙车炸街高空取证难题的精品课程视频，引起社会各界广泛关注。检察机关通过典型案例宣传和志愿者公益广告，为壮大“益心为公”志愿者队伍、打造“益心为公”志愿服务品牌进行了再动员再部署，同时也为健全“6个体系 +1个工作格局”提供了新机遇。

一、聚焦发展全过程人民民主，健全“益心为公”志愿服务动员体系

习近平总书记强调，“有事好商量、众人的事情由众人商量，找到

* 邱景辉，最高人民检察院公益诉讼检察厅副厅长。

全社会意愿和要求的最大公约数，是人民民主的真谛”。检察公益诉讼维护的国家利益和社会公共利益，是最广大人民的根本利益，具有广泛性、开放性。实践证明，社会公众以“益心为公”志愿者身份参与辅助检察机关监督办案，更有程序性、实效性，丰富了人民管理国家事务、经济和文化事业、社会事务的途径和形式，有利于以法治思维和法治方式，把全过程人民民主落实到国家政治生活和社会生活更多领域、更深层次。国家和社会文明进步需要更多志愿者参与检察公益诉讼，共治同仇敌忾的公害，维护众望所归的公益，为实现人民对美好生活向往的奋斗目标贡献力量。

检察公益诉讼是习近平法治思想在公益保护领域的生动实践和原创性成果，已成为习近平法治思想的标识性概念之一。做实做优检察公益诉讼是功德无量的民心工程。要善于将制度优势转化为组织动员优势，在每一个司法个案中坚持以人民为中心、以公益为核心，让公平正义更广泛更直接地可感可触可见，不断增强“益心为公”志愿服务的影响力、号召力、吸引力。要立足检察公益诉讼主责主业，结合“4+11+N”不断拓展的案件范围，突出安全和人权两条发展主线，在生态安全、食品药品安全、生产安全、个人信息安全、文物安全等方面，对接生态环境、卫生健康、应急、科技、文化等领域专业志愿服务组织；在妇女、未成年人、残疾人、老年人、新就业形态劳动者等特定群体权益保障方面，对接妇联、共青团、残联、老龄协会、工会等群团组织，实现优势互补、资源共享、同频共振、同向发力，进一步拓宽社会动员渠道。同时，要更加注重司法便利、司法效率，依托正在建设的检察指挥中心着力提升志愿服务应急动员能力。

二、围绕“高质效办好每一个案件”，健全“益心为公”志愿服务供给体系

依据最高人民检察院《关于指派、聘请有专门知识的人参与办案若干问题的规定（试行）》，检察机关在对公益诉讼案件决定立案和调查收集证据时，就涉及专门性问题的证据材料或者专业问题，可以指派、聘请有专门知识的人协助开展对专业问题进行回答、解释、说明，对涉案专门性问题进行评估、审计，对涉及复杂、疑难、特殊技术问题的鉴定事项提出意见，在检察官的主持下勘验物证或者现场，对行政执法卷宗材料中涉及专门性问题的证据材料进行审查及其他必要的工作。在法庭审理公益诉讼案件期间，检察机关可以申请法院通知有专门知识的人出庭，就鉴定人作出的鉴定意见或者专业问题提出意见。

“益心为公”志愿者作为检察机关精准招募的、在不同领域有专门知识的人，按照程序、范围和规则参与检察公益诉讼，通过辅助检察官高质效办理每一个案件，以更高效率、更低成本实现最佳的公益保护目的和志愿服务目的。要重点推进服务美丽中国、健康中国、平安中国建设，扶弱助残、扶老爱幼，文化遗产保护传承等志愿服务领域的供需对接，着力解决群众急难愁盼问题，把满足需求与引领需求结合起来，实现检察官与志愿者供需双向互动、精准匹配。要推进“益心为公”志愿服务项目化运行，由检察机关根据监督办案需要提供项目清单，组建项目组，加强全流程质效管理，培育更多类似无障碍公益诉讼等志愿服务品牌。

三、充分发挥检察一体化制度优势，健全“益心为公”志愿服务队伍组织体系

“益心为公”志愿服务，是依托检察公益诉讼监督办案开展的具有

监督属性和强制力保障、服务对象不特定的志愿服务，是志愿服务的新形式、新样态。在中央统战部和各民主党派中央的支持协助下，“益心为公”志愿者队伍从民主党派、无党派人士开始发展壮大，如今已覆盖社会各界、各行各业。区别于以特定身份或者群体划分的其他志愿者，“益心为公”志愿者一方面自愿主动提供志愿服务，另一方面依据聘任时约定的义务接受检察机关的调度，可以多重身份，可以跨界服务，可以单独行动，可以团队协作。

最高检充分发挥检察一体化制度优势，坚持引导发展和规范管理并重，专门出台“益心为公”志愿者工作办法，健全招募、注册制度，配套行为准则、服务规范，明确权利义务。最高检公益诉讼检察厅负责不同领域的办案组对接志愿者分类组建团队，有组织地开展面向全国检察机关的志愿服务。健全监督管理制度，完善动态管理和退出机制，由属地检察机关负责具体执行。最高检统一组建全国骨干志愿者队伍，指导推出精品课程，组织开展网络培训；统一部署招募高校专业志愿者工作，改善传统领域与新领域志愿者专业结构，为未来发展储备前沿人才。择优组织全系统志愿服务交流研讨、项目展示，推广典型经验，分享亲身体验，促进共同提高。

四、坚持线上线下相结合，健全“益心为公”志愿服务阵地体系

强化志愿服务与数字技术融合。最高检统一研发管理维护“益心为公”志愿者检察云平台，交付全国检察机关统一应用，实现志愿者注册、需求发掘、服务对接、调度实施、评价反馈、宣传推广等全流程数字赋能，并根据运行实践不断升级。主动对接全国统一的志愿服务信息系统，完善数据归集、辅助决策、指挥管理等功能，统一技术标准、打通数据接口、实现互联互通。加强志愿者个人信

息保护和网络安全防护，为志愿者参与辅助办案提供安全便利、常态长效的网络阵地。同时，鼓励基层检察院在检察服务中心或者检察公益诉讼实践教育基地配置志愿服务站点，为志愿服务提供场所和条件。加强志愿服务站点标准化建设，打造具有地域特色、检察特点的志愿服务站点。

五、融合检察文化品牌建设，健全“益心为公”志愿文化体系

贯彻落实最高检《关于加强新时代检察文化建设的意见》，增强“益心为公”志愿者对“忠诚、为民、担当、公正、廉洁”的新时代检察精神的文化认同，对“检察官作为公共利益的代表，肩负着重要责任”的职业认同，更加自觉地传承“天下为公”“守望相助”等中华优秀传统文化，增进我为人人、人人为我的社会共识。结合检察公益诉讼专门立法，深化理论和实践问题研究，构建“益心为公”志愿服务理论体系、话语体系。积极创作“益心为公”志愿服务题材的文艺作品、文创产品、公益广告，宣传志愿服务先进典型，讲好志愿服务故事，扩大志愿文化传播。

六、完善激活激励等配套机制，健全“益心为公”志愿服务支持保障体系

“益心为公”志愿者可以参照“有专门知识的人”因参与办案而支出的交通、住宿、就餐等费用，由检察机关承担。对于聘请的“有专门知识的人”，应当给予适当报酬。参照最高人民检察院《关于指派、聘请有专门知识的人参与办案若干问题的规定（试行）》第 17 条的规定，上述费用从检察机关办案业务经费中列支。

依据中央政法委会同“两高”出台的《关于进一步优化司法资源

配置全面提升司法效能的意见》中关于“提升司法辅助事务集约化、社会化水平”“积极推广购买社会服务方式办理司法辅助事务”等原则性规定，可以依法通过政府购买服务等方式，支持志愿服务运营管理。有条件的地方可以争取财政、生态环境、自然资源、法院等部门的支持，探索将检察公益诉讼案件执行到位的损害赔偿资金用于参与辅助办案的志愿服务费用。争取将“益心为公”志愿者业务培训纳入中央社会工作部统一部署安排。

各级检察机关要坚持谁使用、谁招募、谁保障，为志愿者提供物资设备、安全保障及相应保险。完善以精神激励为主的褒奖机制，健全星级认定制度，增强志愿者的成就感和荣誉感。鼓励采取服务积分、时间储蓄等方式，完善礼遇回馈和信用激励机制。争取将参与“益心为公”志愿服务信息记录抄送其所在单位作为相关评优评先的重要参考，或者为其参加公务员考录、企事业单位招聘出具志愿服务证明。

检察机关要积累“益心为公”志愿服务实践经验，积极推进志愿服务地方立法和国家立法。监督保障志愿服务法律的统一正确实施，依法查处损害志愿精神的违法行为，坚决打击以志愿服务为名从事非法活动，保证志愿服务事业健康有序发展。

七、提升国际传播能力，构建“益心为公”志愿服务国际合作交流新格局

检察机关可以充分发挥来自欧洲环保协会、山水自然保护中心等社会组织以及从事涉外法治和国际合作工作的“益心为公”志愿者的桥梁纽带作用，重点在履行《联合国气候变化框架公约》《联合国生物多样性公约》《湿地公约》等生态环境和资源保护领域规定，在开展国际合作交流中讲好中国检察故事。充分利用清华大学无障碍发展研究

院等高校科研机构“益心为公”志愿者的影响力、话语权，积极为创制无障碍环境建设等人权领域的国际规则贡献中国力量。同时，在与联合国环境署、开发署、教科文组织、粮农组织等机构组织加强合作过程中，积极探索合作打造检察公益诉讼主题的志愿服务项目，开展适宜的志愿服务活动。

充分发挥检察公益诉讼促进民族团结进步的独特优势

邱景辉*

2019年9月27日，习近平总书记在全国民族团结进步表彰大会上发表重要讲话，强调要以铸牢中华民族共同体意识为主线，全面贯彻党的民族理论和民族政策，坚持共同团结奋斗、共同繁荣发展，把民族团结进步事业作为基础性事业抓紧抓好，促进各民族像石榴籽一样紧紧拥抱在一起，推动中华民族走向包容性更强、凝聚力更大的命运共同体，共建美好家园，共创美好未来。

五年来，检察机关坚持以习近平法治思想、习近平生态文明思想、习近平文化思想为指导，立足法律监督职能，坚持把维护国家统一和民族团结作为各民族的最高利益，充分发挥检察公益诉讼以公益保护为核心、重大监督事项案件化办理、社会公众有序有效参与、数字检察科技赋能等独特优势，不断满足各族群众对美好生活的向往，持续加强促进民族团结进步的法治保障。

一、加强生态环境和资源保护，促进“绿水青山”转变为“金山银山”

习近平总书记强调，我们要加快少数民族和民族地区发展，推进基本公共服务均等化，提高把“绿水青山”转变为“金山银山”的能力，让改革发展成果更多更公平惠及各族人民，不断增强各族人民的

* 邱景辉，最高人民检察院公益诉讼检察厅副厅长。

获得感、幸福感、安全感。

民族地区检察机关坚持把生态环境和资源保护作为检察公益诉讼的主责主业，积极保障生态产品价值实现。例如，西藏检察机关深入领会落实习近平总书记“保护好西藏生态环境，利在千秋、泽被天下”的重要指示，认真贯彻青藏高原生态保护法，主动融入“无废高原”创建，推进生态领域检察监督与生态环境综合执法体系衔接，深化青藏高原及周边区域生态检察协作机制，强化冰川保护检察监督机制，完善珠穆朗玛国家公园等自然保护地检察联络站工作机制，推进“亚洲水塔”保护、“乐游西藏”等专项行动，办理了黑颈鹤、滇金丝猴、纳木错裸鲤保护和矿山环境资源、地热水资源保护等一批有影响的高质效案件，以最严格制度、最严密法治守护好雪域高原的良好生态。其中，地热水资源保护行政公益诉讼案推动西藏自治区发改委、能源局、财政厅、自然资源厅、生态环境厅、住建厅、水利厅、统计局联合出台《关于促进西藏自治区地热能开发利用的实施意见》，推动地热产业可持续发展。

又如，内蒙古检察机关认真贯彻落实习近平总书记关于统筹山水林田湖草沙综合治理，在祖国北疆构筑起万里绿色长城的重要指示，开展山林、河湖、草原“生态检察三大协作统一行动”，深化生态检察公益诉讼跨区域联动，通过高质效办案推动额济纳胡杨林、黄河“几字湾”等生态环境和资源保护，打造乌梁素海生态环境公益诉讼监督模型，举办荒漠化防治检察公益诉讼专题研讨会，为精心组织实施京津风沙源治理、创新完善治沙模式、提高治沙综合效益贡献检察智慧，助力我国北方重要生态安全屏障建设。

再如，云南大理白族自治州检察机关牢记习近平总书记“一定要把洱海保护好，让‘苍山不墨千秋画，洱海无弦万古琴’的自然美景永驻人间”的殷殷嘱咐，组建专业化办案团队，开展检察蓝守护“玉洱银苍”专项监督；大理、洱源、剑川、鹤庆四县市检察院共同签署

《关于建立洱海流域生态环境保护跨区域协作机制的实施意见》，构建洱海流域生态保护检察一体化机制；大理州检察院与大理大学共建“生物多样性保护公益诉讼”科研实践基地，大理市检察院与云南顺丰洱海环保科技股份有限公司共建公益诉讼保护基地，不断增强洱海保护协同共治的合力。

二、加强文物和文化遗产保护，推动各民族文化的传承保护和创新交融

习近平总书记如数家珍的格萨尔王、玛纳斯、江格尔等震撼人心的伟大史诗，万里长城、都江堰、大运河、故宫、布达拉宫、坎儿井等伟大工程，昭君出塞、文成公主进藏、凉州会盟、瓦氏夫人抗倭、土尔扈特万里东归、锡伯族万里戍边等历史佳话，检察机关会同文物保护、文化旅游、住建、水利等部门加强协同协作，在积极稳妥拓展文物和文化遗产保护领域检察公益诉讼案件范围的实践中重点研究探索。

例如，2023年以来，新疆吐鲁番检察机关以坎儿井申报世界灌溉工程遗产为契机，针对坎儿井井口裸露、坍塌，井口周边垃圾堆放等问题，为消除坎儿井水资源安全隐患，向相关单位发出公益诉讼检察建议8件，经督促整改，共清理长度约1000米的坎儿井及井周边20余吨的垃圾和废弃物；对裸露、坍塌且已分辨不清的11个井口重新堆土修复并进行加盖加厚；对周边居民进行文物保护和水资源保护相关知识的宣传。检察机关通过监督办案实现了对现有实物原状最小干预，并兼顾生态环境与文化遗产的系统保护。2024年9月3日国际灌排委员会第75届执行理事会上公布的2024年（第十一批）世界灌溉工程遗产名录中，新疆吐鲁番坎儿井等4个中国工程成功入选。

习近平总书记在新疆考察时强调，要加强中华民族共同体历史、

中华民族多元一体格局的研究，充分挖掘和有效运用新疆各民族交往的历史事实、考古实物、文化遗存，讲清楚新疆自古以来就是我国不可分割的一部分和多民族聚居地区，新疆各民族是中华民族大家庭血脉相连、命运与共的重要成员。要加强非物质文化遗产保护传承，把各民族优秀传统文化发扬光大。

最高检公益诉讼检察厅在指导新疆检察机关办理伊犁将军府武备库保护行政公益诉讼案过程中深刻领会贯彻落实习近平总书记重要指示精神，提出伊犁将军府武备库作为清代初期新疆政治军事中心存放武器火药的重要场所，其历史价值和政治意义独特，在进行专业修缮后，应当借鉴北京市东城区检察院在军地协作办理禄米仓保护案中的成功经验，进一步推动涉军文物的保护与活化利用，使之成为爱国主义教育、国防教育及民族团结进步的重要示范基地。

最高检第十六期巡讲支教团（公益诉讼检察专题）在新疆巡讲支教期间专门调研土尔扈特万里东归、锡伯族万里戍边相关文物和文化遗产保护工作情况，并就相应开展跨省际区划协作和涉外检察公益诉讼国际合作加强专题研究。

三、加强业务指导和援助，助力完善地方立法

习近平总书记强调，依法治理民族事务，确保各族公民在法律面前人人平等。要全面贯彻落实民族区域自治法，健全民族工作法律法规体系，依法保障各民族合法权益。要坚持一视同仁、一断于法，依法妥善处理涉民族因素的案事件，保证各族公民平等享有权利、平等履行义务，确保民族事务治理在法治轨道上运行。

最高检公益诉讼检察厅在开展民族地区业务指导和援助过程中，高度重视充分发挥检察公益诉讼制度在国家治理体系中的预防性法律制度功能作用，及时总结监督办案经验，针对确有必要通过完善地方

立法加强系统治理、源头治理、综合治理的普遍性问题，及时研究提出立法建议，争取地方党委、政府、人大的支持，与民族地区全国人大代表特别是少数民族代表加强代表建议与公益诉讼检察建议双向衔接转化工作，将检察公益诉讼作为监督保障地方立法实施的重要制度措施，共同促进良法善治。

例如，贵州检察机关加强少数民族文物和文化遗产保护专项监督，推动《黔东南苗族侗族自治州镇远历史文化名城保护条例》规定，“对名城文化遗产、历史风貌、生态环境等造成破坏，损害国家利益或者社会公共利益的行为，有关机关和组织可以依法提起公益诉讼”。推动《黔东南苗族侗族自治州民族文化村寨保护条例》规定，“检察机关发现在民族文化村寨保护工作中负有监督管理的行政机关违法行使职权或者行政不作为，损害国家利益或者公共利益的，应当向行政机关提出检察建议，对仍不整改的，依法向人民法院提起行政公益诉讼”。

又如，广西检察机关加强民族地区特色产业检察公益诉讼保护，推动《柳州市柳州螺蛳粉产业发展条例》规定，“市、县（区）人民代表大会常务委员会依法监督和支持检察机关开展柳州螺蛳粉食品安全公益诉讼工作。对涉及柳州螺蛳粉食品安全的重大公益诉讼案件，必要时，人民检察院可以向同级人民代表大会常务委员会报告”。

再如，青海检察机关开展“人兽冲突”专项监督，推动《青海省国家生态文明高地建设条例》规定，“省人民政府应当依法健全完善野生动物致害补偿机制。县级以上人民政府应当制定野生动物致害防控措施，组织开展野生动物致害综合防控。对野生动物造成人员伤亡，牲畜、农作物或者其他财产损失的，依法给予补偿。省人民政府可以推动保险机构开展野生动物致害赔偿保险业务”。加强妇女权益保障检察公益诉讼，推动《青海省反家庭暴力条例》规定，“人民法院、人民检察院根据反家庭暴力工作情况，可以向有关部门、单位提出预防家庭暴力的司法建议、检察建议，并督促建议事项的落实。有关部门、单位不履行反家庭暴力工作职责，致使社会公共利益受到侵害的，人民检察院可以依法提起公益诉讼”。

《关于加强生态环境损害赔偿与检察公益诉讼衔接的意见》的理解与适用

吕洪涛　易小斌　孙森森*

2024年10月11日，最高人民检察院和生态环境部联合发布了《关于加强生态环境损害赔偿与检察公益诉讼衔接的意见》（以下简称《意见》）。现就《意见》制定起草的主要背景和意义、主要内容及其理解适用作如下介绍和解读。

一、制定《意见》的背景和意义

党的十八大以来，以习近平同志为核心的党中央高度重视生态文明建设，把生态文明建设作为关系中华民族永续发展的根本大计，大力推进生态文明理论创新、实践创新、制度创新，统筹加强推进生态文明顶层设计和制度体系建设。党的十八届三中、四中全会，十九大、十九届四中全会，二十大、二十届三中全会通过各项决定，均强调用最严格的法律制度保护生态环境。在此背景下，生态环境损害赔偿制度和检察公益诉讼制度应运而生，成为生态文明制度体系建设的重要组成部分。生态环境损害赔偿制度和检察公益诉讼制度自2015年分别在部分省市开展两年试点后，2017年随着行政诉讼法、民事诉讼法的修改和《生态环境损害赔偿制度改革方案》的颁布，在制度层面得以

* 吕洪涛，最高人民检察院公益诉讼检察厅二级巡视员；易小斌，最高人民检察院公益诉讼检察厅主办检察官；孙森森，最高人民检察院公益诉讼检察厅四级高级检察官助理。

正式确立。2020年颁布的民法典新增生态环境损害救济条款为两项制度提供了重要的实体法依据。经过十年实践，两项制度的实施有力推动解决了一批存续时间长、影响范围广、各方反映强烈的突出生态环境问题，在服务美丽中国建设、促进经济社会发展全面绿色转型方面发挥了重要作用。

但与此同时，实践中也发现两项制度在适用范围、功能作用等方面存在部分重合，出现衔接不畅问题，影响两项制度生态环境公益保护合力的形成。如由于检察机关和行政机关信息沟通不及时，针对同一损害生态环境行为，同时或先后启动程序，重复开展调查取证工作或向法院提起诉讼的情况时有发生，不仅增加司法和行政成本，还不利于节约资源。对此，检察机关一方面通过办案探索两项制度的衔接规则，协同解决生态环境损害赔偿问题；另一方面通过建立制度机制明确衔接规则，北京、上海、重庆、吉林、山东、湖北、江西等15个省级检察院单独或者联合其他部门出台生态环境损害赔偿与检察公益诉讼衔接机制，取得积极成效。为解决现有法律规范对两项制度衔接规则规定不明确，地方探索性制度层级较低，相应衔接规则不成体系的问题，有必要从顶层制度设计层面对此作出专门规范，为两项制度的顺畅衔接提供制度保障，以适应实践需求。

制定《意见》是深入贯彻落实党中央关于生态文明建设部署要求的具体举措，有利于避免重复工作导致司法资源浪费，有利于为实践中遇到的问题提供操作性指引，有利于进一步加强两项制度的程序衔接，提高生态环境公益保护实效。最高检联合生态环境部将制定《意见》纳入工作日程后，坚持实践导向、问题导向、目标导向，在充分调查研究和吸收地方实践经验做法的基础上，在认真研究起草初稿并征求地方检察机关和生态环境部门意见的基础上，经过多次论证修改形成《意见》。

二、《意见》主要内容和适用中需要把握的重点问题

《意见》除引言外，共计13条。主要包括两项制度的衔接原则（第1条）、程序启动和线索移送衔接（第2条和第3条）、联合挂牌督办案件（第4条）、涉及刑事案件的程序衔接（第5条）、检察机关和生态环境部门相互支持的程序和方式（第6条至第8条）、在诉讼（第9条）和执行（第10条）中衔接方式、共建生态修复基地（第11条）和共同开展宣传普法等工作（第12条）、解释主体和权限条款（第13条）。

（一）关于两项制度的衔接原则

《意见》第1条规定了两项制度衔接的原则。检察环境民事公益诉讼和生态环境损害赔偿制度建立都是为了解决生态环境公益受损后，缺乏适格主体依法追究侵害主体的生态环境损害责任问题。前者是检察机关依据行政诉讼法和民事诉讼法相关规定作为法定授权主体，后者是由省级、市地级政府依据《生态环境损害赔偿制度改革方案》作为赔偿权利人，依法追究污染环境和破坏生态的违法主体造成的除人身、财产损害之外的生态环境本身损害的修复和赔偿责任。尽管建立两项制度的目的之一均是修复生态环境受损公益，但毕竟二者在制度依据、提起主体、程序规则等方面存在差异，是相互独立的制度设计。因此，《意见》第1条规定检察机关和生态环境部门开展生态环境民事公益诉讼和生态环境损害赔偿工作，应当坚持依法规范、分工合作、互相支持、协作配合、信息共享的原则。一方面，检察机关和生态环境部门开展生态环境民事公益诉讼和生态环境损害赔偿工作，都必须在法律授权的范围内依法开展。尤其是检察机关应当恪守法律监督机关的宪法定位和检察公益诉讼作为督促之诉的性质，不能超越法律授权规定，代替生态环境部门开展工作。另一方面，检察机关和生态环

境部门在法律授权的范围内，做到分工明确、独立履职的同时，还要做到互相支持、协作配合，避免出现信息共享不及时导致的重复劳动、遗漏追究侵害主体、遗漏诉讼请求等问题，凝聚生态环境公益保护的合力。

（二）关于信息通报制度

为了有效解决两项制度在程序启动、线索移送等方面可能存在的衔接不畅问题，《意见》第 2 条和第 3 条对此专门作出规定，明确了通报起算时间、具体时限等问题。

《意见》第 2 条规定程序启动衔接问题。实践中，由于信息共享不及时，不少情况下存在针对同一损害生态环境的行为，检察机关和行政机关同时或先后启动检察环境民事公益诉讼和生态环境损害赔偿索赔程序，导致重复调查取证、鉴定评估等问题，不仅造成公共资源浪费，还可能会造成重复追偿。虽然生态环境部等十一部门联合发布的《关于推进生态环境损害赔偿制度改革若干具体问题的意见》规定了赔偿权利人指定的部门或机构，在启动生态环境损害赔偿调查后可以同时告知相关检察机关，但未对具体时限作出规定，通报对象也不明确。《意见》第 2 条明确规定生态环境部门通报时间的起算点是决定立案启动索赔程序作出决定时，时限是 15 日，通报对象是与生态环境部门对应的同级检察机关。

《意见》第 3 条规定了检察机关启动生态环境民事公益诉讼与生态环境损害赔偿程序衔接问题。根据最高人民法院、最高人民检察院《关于检察公益诉讼案件适用法律若干问题的解释》第 13 条和《人民检察院公益诉讼办案规则》第 91 条规定，人民检察院在履行职责中发现破坏生态环境和资源保护，食品药品安全领域侵害众多消费者合法权益，侵害英雄烈士等的姓名、肖像、名誉、荣誉等损害社会公共利益的行为，拟提起公益诉讼的，应当依法公告。公告时，检察机关可以通报同级生态环境部门，如果生态环境部门未在公告期内函告的，视为不立案启动索赔程序。之所以作出如此规定，主要是因为生态环境领域公益保护工作具有及时性要求。若由于生态环境部门未在公告期间及时函告，检察机关还要继续等待，将不利于公益保护。需要注意的是，本条规定检察机关通报的内容是“符合生态环境损害赔偿条件”的案件线索，是否符合条件应当结合《生态环境损害赔偿制度改革方案》适用范围和最高人民法院《关于审理生态环境损害赔偿案件的若干规定（试行）》第1条规定进行判断。

需要说明的是，《意见》第2条和第3条没有明确规定通报的具体方式，主要是考虑到实践中各地通报或者抄送的方式和频次尚不统一，有的通过正式的公函告知，有的通过电话等方式口头通知；有的定期通知，有的发现案件后及时通知。我们认为不宜给各地正常工作开展造成工作负担，通报方式和频次可以灵活多样，只要能够避免由于信息沟通不及时造成重复工作即可。各地检察机关和生态环境部门可以在实践中探索，比较成熟的可以就通报方式和频次通过协作文件予以明确。

另外，实践中经常会遇到针对同一损害生态环境行为，检察机关已经启动生态环境民事公益诉讼程序后，收到行政机关立案启动索赔程序的决定，此时检察公益诉讼程序应该如何处理的问题。由于目前相关法律和司法解释尚无明确规定，实践中有的地方检察机关对生态环境民事公益诉讼作出终结案件决定，有的则作出中止审查决定。我们认为，此时不宜作出终结案件决定。根据《人民检察院公益诉讼办案规则》第90条第1款第2项规定，只有在“生态环境损害赔偿权利人与赔偿义务人经磋商达成赔偿协议，或者已经提起生态环境损害赔偿诉讼的”才能够终结案件。如果只是收到行政机关的立案启动索赔程序的决定，并不符合该条款规定。此外，还涉及检察机关后续是否支持起诉，以及持续跟进监督生态环境损害赔偿索赔程序是否存在遗漏诉讼请求、不当调解等问题。故，此类情形应该作出中止审查决定，根据案件进展情况，符合条件的作出终结案件决定或者恢复审查决定。

（三）关于程序衔接问题

检察公益诉讼与生态环境损害赔偿诉讼在程序上均包括提起诉讼前和提起诉讼后两个阶段的程序。《意见》第 4 条、第 5 条、第 9 条和第 10 条规定了两项制度在提起诉讼前和提起诉讼后的衔接规则。

《意见》第 4 条规定了上级检察机关、生态环境部门对于涉及生态环境损害的相关案件线索可以开展联合挂牌督办。检察机关和生态环境部门各自发现或者相互之间移送相关案件线索后，认为案件线索重大的，可以由双方共同挂牌督办，这有利于加大生态环境损害问题的解决力度。该项措施在实践中取得了良好成效，本次制定《意见》过程中对此专门作出了规定。

《意见》第 5 条规定破坏生态环境损害公益的刑事案件与生态环境损害赔偿程序衔接。最高人民法院、最高人民检察院《关于检察公益诉讼案件适用法律若干问题的解释》第 20 条第 1 款规定，人民检察院对破坏生态环境和资源保护的犯罪行为提起刑事公诉时，可以向人民法院一并提起附带民事公益诉讼。根据以上规定，针对破坏生态环境损害公益的刑事公诉案件，检察机关一般可以通过刑事附带民事公益诉讼的方式一并解决惩罚犯罪和维护公益受损问题。如果检察机关提起刑事公诉时，行政机关已经立案启动生态环境损害赔偿程序，此时检察机关可以依法履职，做好衔接工作，依法适用认罪认罚从宽制度，督促赔偿义务人配合生态环境部门开展生态环境损害赔偿磋商，承担生态环境损害修复赔偿责任，并结合生态环境损害修复及赔偿情况提出量刑建议。

《意见》第 9 条规定了两项制度提起诉讼后的衔接规则。最高人民法院《关于审理生态环境损害赔偿案件的若干规定（试行）》第 16 条至第 18 条，针对两项制度的诉讼衔接已经作出相应规定。本条是对上述司法解释条款的进一步细化和完善。《意见》第9条第1款规定，明确针对生态环境损害赔偿工作或者生态环境民事公益诉讼结束后，发现存在新的或者遗漏的生态环境损害行为，检察机关和生态环境部门可以就依法提起新的诉讼或者开展索赔工作进行协商，避免重复开展工作。同时，针对实践中达成赔偿协议或者提起生态环境损害赔偿诉讼未能涵盖案件涉及的赔偿范围，《意见》第9条第2款明确检察机关可以发挥补充作用，提起生态环境民事公益诉讼。

《意见》第10条明确检察机关对执行阶段可以开展跟进监督工作。针对赔偿义务人不履行、未完全履行生态环境损害赔偿生效裁判或者经司法确认的赔偿协议，生态环境部门申请人民法院强制执行的，可以将相关材料通报同级检察机关。检察机关应当及时跟进，依法对人民法院执行活动实行法律监督。之所以作出如此规定，是因为检察机关作为宪法规定的法律监督机关，根据《民事诉讼法》第246条，人民检察院有权对民事执行活动实行法律监督。生态环境损害赔偿执行阶段是确保受损的生态环境得到有效修复的“最后一公里”。检察机关接到生态环境部门有关申请强制执行的通报材料后，应当按照法律规定认真审查，及时对符合条件的生态环境损害生效裁判或者赔偿协议执行活动开展检察监督工作。

（四）关于协作配合问题

作为同样从事生态环境保护工作的生态环境部门和检察机关，需要不断加强双方的协作配合，凝聚生态环境保护的法治合力。《意见》第6条至第8条规定了检察机关和生态环境部门之间协作配合的方式和程序。

《意见》第6条规定了检察机关可以参加生态环境部门的磋商程序。参加的时间点是生态环境部门开展索赔磋商时，在正式磋商前；参加的途径主要是基于生态环境部门的邀请；是否参加，由检察机关根据具体情况决定，如果决定派员参加磋商的，应当告知参加磋商检察人员的姓名和法律职务。

《意见》第 7 条规定，生态环境部门与赔偿义务人达成生态环境损害赔偿协议的，可以同步抄送同级检察机关。规定抄送制度的主要目的是保障检察机关及时掌握生态环境损害赔偿协议内容和程序进展。如果发现赔偿协议内容违反法律规定，损害国家利益或者社会公共利益，或者磋商不成未及时提起诉讼的，作为法律监督机关的检察机关应该履行法定职责，依法提出纠正意见或函告督促起诉，确保生态环境公益得到及时有效保护。此外，需要明确的是生态环境损害赔偿制度，是省级、市地级政府作为赔偿权利人或者其指定的相关部门或机构，对污染环境和破坏生态的责任者依法追究生态环境本身损害的修复和赔偿责任，确立该制度的依据为《生态环境损害赔偿制度改革方案》和民法典相关法律条款。因此，生态环境部门是通过民事手段而非行政手段开展生态环境损害赔偿工作，不宜通过启动行政公益诉讼的方式督促其开展生态环境损害赔偿工作。

《意见》第 8 条规定检察机关和生态环境部门在生态环境损害赔偿和生态环境民事公益诉讼中相互支持配合的程序和方式。《意见》第 8 条第 1 款和第 2 款规定了检察机关支持生态环境部门开展磋商、诉讼的方式和程序。《人民检察院公益诉讼办案规则》第 100 条规定，生态环境损害赔偿权利人提起生态环境损害赔偿诉讼案件的，人民检察院可以支持起诉。支持起诉的方式主要包括：提供法律咨询、协助调查取证、向人民法院提交支持起诉意见书等方式。本条细化了上述规定，明确生态环境部门可以通过书面方式申请同级检察机关支持起诉，是否支持由检察机关依法作出决定，并分别作出相应文书。需要注意的是，本条规定的是由生态环境部门对应的“同级”检察机关支持起诉。最高人民法院《关于审理生态环境损害赔偿案件的若干规定（试行）》第 3 条中规定，第一审生态环境损害赔偿诉讼案件由生态环境损害行为实施地、损害结果发生地或者被告住所地的中级以上人民法院管辖。中级人民法院认为确有必要的，可以在报请高级人民法院批准后，裁定将本院管辖的第一审生态环境损害赔偿诉讼案件交由具备审理条件的基层人民法院审理。基于同级监督原则，此类案件原则上由生态环境部门的同级检察机关支持起诉，如果法院裁定交由基层法院审理的，检察机关应按照程序移交基层法院对应的基层检察院支持起诉。《意见》第 8 条第 3 款规定了检察机关提起生态环境民事公益诉讼时，可以商请生态环境部门在证据调查、鉴定评估方面提供支持。检察机关的诉讼请求中包含生态环境部门已垫付的应急处置、检验、鉴定、评估等费用的，生态环境部门应当协助提供支出相关费用合法性、必要性的证据材料。作出这样的规定，主要是为了避免调查取证不充分、鉴定评估不准确、重复起诉等问题，通过主动争取生态环境部门的支持配合，全面、及时、高效保护受损的生态环境公益。

（五）其他规定

《意见》还规定了检察机关和生态环境部门之间的其他协作机制。第 11 条规定，检察机关、生态环境部门可以共建生态环境修复基地。第 12 条规定了检察机关、生态环境部门联合普法宣传、警示教育、典型案例评选，以及引导公众参与、支持生态环境保护工作。检察机关和生态环境部门在实践中共同开展以上工作取得了良好成效，《意见》通过具体条款予以明确，确保持续深入做好这些工作。第 13 条是关于解释主体和权限的规定，本《意见》由最高检会同生态环境部负责解释。

三、实践中需要继续探索的问题

本《意见》主要是为了解决生态损害赔偿和检察公益诉讼衔接中普遍存在的突出问题而制定的程序规则，不涉及实体问题。检察机关在处理两项制度的关系时要准确把握作为宪法规定的法律监督机关定位。一方面，检察机关要根据《意见》的衔接规则及时跟进了解生态环境损害赔偿全流程的进展情况，适时督促和支持生态环境部门开展生态环境损害赔偿工作，但不能直接介入代替其行使权利；另一方面，检察机关在生态环境损害赔偿制度发挥职能作用不到位的情况下，要发挥好公益诉讼检察职能进行补充和兜底，使受损生态环境公益得到及时修复或者赔偿。

本《意见》规定的主要内容是检察机关与生态环境部门通过实践探索已经达成共识的内容。针对尚未达成共识的一些问题或者实践中尚不成熟的经验做法，各地可以根据本地实际继续探索。检察机关要主动与生态环境部门进行沟通，及时总结实践探索中的经验做法，形成制度化成果，为将来完善两项制度的衔接提供样本。如关于办案期限问题，尽管《关于推进生态环境损害赔偿制度改革若干具体问题的意见》中规定，自赔偿权利人及其指定的部门或机构向义务人送达生态环境损害赔偿磋商书面通知之日起算，磋商期限原则上不超过 90 日，磋商会议不超过 3 次。针对超过磋商期限超过 90 日或者磋商次数超过 3 次的情况，提起诉讼的期限如何计算，以及检察机关应该如何介入等，现行法律法规及相关规定中并未明确，实践中也存在不同做法。再比如生态环境损害赔偿资金管理和使用、生态环境损害修复中检察机关和生态环境部门的协作配合等问题，也需要在实践中继续探索。

“公益+刑事”检察一体化办案模式的探索与思考

易小斌　廖哲毅*

生态文明建设是关系中华民族永续发展的根本大计，以最严格制度最严密法治保护生态环境才能为生态文明建设提供可靠保障。实践中，严重破坏生态环境行为可能涉及刑事、行政、民事多重责任追究，检察机关应当加强公益诉讼检察和刑事检察协同配合，助推行政机关依法行政，督促违法主体修复受损生态，依法惩治违法犯罪行为。本文以江西省宜春市检察机关办理的督促整治袁河沿岸非法采矿案为例，探讨如何发挥“公益+刑事”检察一体化办案模式优势，助推重大生态环境问题治理。

一、基本案情及办理过程

2009年以来，潘某纠集宜春市袁州区西村镇范某等10余人，在西村镇借开办休闲农庄的名义于浙赣铁路与袁河河堤之间长期非法采砂，其在附近经营的砂石加工厂违法排放致使河道堵塞且严重污染环境。行政机关虽然进行了调查并督促整改，但非法采砂问题仍然延续，部分河堤被毁损，造成生态环境破坏且危及沿线铁路安全。2021年4月，第二轮中央生态环境保护督察信访件反映了该问题。收到交办信访件后，宜春市检察院通过12345政府服务平台查询到，2021年5月至2021年11月，涉案区域非法采砂问题的投诉多达17条。2021年

---

* 易小斌，最高人民检察院公益诉讼检察厅主办检察官；廖哲毅，江西省宜春市人民检察院综合业务部副主任。

11月，宜春市检察院实地走访发现多辆挖掘机正在采砂，现场已形成50余亩、深达10余米的矿坑。因问题线索复杂，群众反映强烈，宜春市检察院决定行政公益诉讼立案。经调取砂石加工企业和销售企业进料、销售记录，查询砂石运输车辆行车轨迹，委托对非法采砂持续时间、采砂区域面积变化等进行卫星遥感监测分析等，宜春市检察院最终查明潘某、范某等人以开办休闲农庄的名义以及谢某以农村专业合作社（以下简称合作社）农业开发的名义，在西村镇长期非法采砂事实。涉案两处面积分别达38594平方米和36711平方米，开采砂石重量超过20万吨，部分河堤被损毁，严重破坏了当地生态环境，国家矿产资源受到损失。

2021年11月30日，宜春市检察院向市水利局制发检察建议，督促其履行监管职责。因两处采砂点临近袁河沿岸且开挖面积较大，水利部门及自然资源部门负有不同监管职责。2022年1月7日，宜春市检察院组织召开听证会，进一步厘清职责，督促两部门协同履职。会后，宜春市检察院向市自然资源局发出检察建议，督促其依法履职。宜春市水利局、宜春市自然资源局高度重视，联合对非法采砂点进行查处，责令停止开采，并督促违法主体采取推平围堰等方式对沿岸河滩进行生态修复。

因相关人员非法采砂行为涉嫌刑事犯罪，宜春市检察院强化内部协作，公益诉讼检察部门向刑事检察部门移送线索并附调取的证据材料。刑事检察部门收到线索后及时启动立案监督程序，督促公安机关立案2件18人。2022年11月30日，宜春市袁州区检察院向区法院提起刑事附带民事公益诉讼，依法追究该涉案人员刑事责任的同时，诉请判令承担赔偿生态环境修复费。2024年4月11日，潘某、范某等人被判处有期徒刑1年至4年8个月不等，同时共同承担生态修复费用430余万元；另外，谢某犯非法采矿罪被判处有期徒刑2年3个月，缓刑3年，上缴了全部违法所得并对采砂区域进行修复。在个案办理基础上，宜春市检察院部署开展非法采矿破坏生态环境公益诉讼专项监督活动，同时运用“检察建议 + 调研报告”办案模式，向市委、市政府呈报专项调研报告，推动系统治理。

二、案件重难点与办理思路

该案是检察机关从中央生态环境保护督察信访件中发现的重大公益诉讼线索，也是群众反复投诉的公益损害“老大难”问题。案件办理中，面临以下难点问题：一是如何确定公益诉讼层级管辖，高效推动问题解决。二是对于可能涉及刑事、行政、民事多重责任追究的公益损害问题，检察机关应当如何把握调查取证重点。三是公益诉讼检察和刑事检察应当如何一体履职、协同发力，最大限度保护国家利益和社会公共利益。四是针对普遍存在的河道非法采砂问题，检察机关如何深化以案促治，推动系统治理、源头治理。

（一）市级检察院对重大疑难复杂公益损害问题直接立案，统筹推动案件办理

本案系环保督察信访件反映的“老大难”问题。一方面，行政机关监管缺位，涉案问题长期得不到解决。群众向环保督察组、12345 热线多次举报非法采砂问题，行政机关虽然进行了调查并督促整改，但办理进度严重滞后。另一方面，违法采砂点存续多年，河岸线严重破坏，甚至威胁浙赣铁路运营安全，系统整治难度高。由基层检察院立案虽然符合公益诉讼层级管辖规定，但很难破除办案阻力和障碍，难以高效推动问题解决。根据《人民检察院公益诉讼办案规则》，检察机关办理公益诉讼案件实行一体化工作机制，上级检察院可以提办案件。宜春市检察院决定直接行政公益诉讼立案。办案过程中发现，违法行为可能涉嫌刑事犯罪，行政机关履职无法有效追偿生态修复费用，由基层检察院提起刑事附带民事公益诉讼更加高效便捷。宜春市

检察院同步指导袁州区检察院民事公益诉讼立案，上下联动推动案件办理。

（二）全面调取公益诉讼案件证据，同步核查刑事立案监督线索

宜春市检察院在调查公益受损情况和行政机关履职情况的同时，同步核查违法主体非法采砂是否达到刑事立案标准。一是调查核实采砂点是否取得行政审批许可以及采砂持续时间、范围。经调取相关审批文件，袁河为河砂禁采区且两个采砂点均未取得采砂许可。潘某等人 2011 年获得水上农庄项目的环评批复；合作社 2020 年获得水产养殖基地设施农用地备案批复。但两处区域除挖砂作业，无其他建设迹象，属于未取得采砂许可证非法采矿。通过委托科研机构对案涉区域进行卫星遥感监测分析并结合现场勘验、询问证人，得出采砂持续时间、面积变化等。二是调查行政机关对采砂的履职情况。本案涉及水利部门和自然资源部门对非法采砂行为的有效监管问题。一方面，从行政机关是否采取有效措施制止非法采砂行为判断。对于潘某等人非法采砂，行政机关虽然采取了断电、拆除违法设备等措施，但采砂行为长期存在，群众举报不断；对于另一采砂点，行政机关认为正在进行水产养殖基地建设，未全面核查。另一方面，从非法采砂存续时间判断。潘某等人非法采砂行为从 2009 年开始，虽然 2011 年至 2016 年有所停止，但 2016 年开始持续存在，另一采砂点亦持续 1 年，公益损害情况长时间存在也系行政机关怠于履职的表现。三是调查核实非法采砂是否符合刑事立案标准。涉案两处采砂区域面积均在 50 亩以上，致使生态环境严重破坏，违法行为人可能涉嫌刑事犯罪。宜春市检察院经核查运输砂石车辆，向交警部门调取行车轨迹，准确发现砂石加工企业和销售企业，并调取了相关进货、销售记录，初步查明砂石销售金额，为刑事立案监督奠定基础。

（三）督促行政机关履职整改的同时，一体追究违法行为人刑事、民事责任

本案中，违法行为人非法采砂既严重损害国家利益和社会公共利益又涉嫌刑事犯罪。检察机关通过行政公益诉讼督促行政机关协同履职的同时，加强公益诉讼检察和刑事检察的内部横向协作配合，同步追究违法主体生态损害责任和刑事责任，推动问题整改。一是发挥行政公益诉讼督促协同作用，破解行政监管职责交叉，衔接不畅问题。本案中，两处非法采砂点均在袁河沿岸，且自河岸线起向陆域延伸至少40米。水利部门与自然资源部门对两处非法采砂点各自的执法范围存在不同认识。水利部门认为，根据宜春市袁州区政府发布的河道管理范围划界公告，袁河的河道管理范围为两岸管理范围线之间的水域、沙洲、滩地、堤防及护堤地，以河岸线向陆域延伸20米计算为水利部门管辖范围，20米外由自然资源部门管辖。自然资源部门认为，根据国土空间用地分类图等的显示，两处非法采砂区域范围内主要是滩地，由水利部门管辖，滩地范围外的由自然资源部门管辖。考虑到两家行政机关对两处非法采砂点的监管职责无异议，只是对非法采砂执法的各自范围存在争议。宜春市检察院通过公开听证会的形式，邀请人大代表、人民监督员以及自然资源、水利、河长办代表参加，进一步厘清行政主管部门职责，形成共识，促进水利部门与自然资源部门联合执法。二是公益诉讼检察主动调查取证移送刑事案件线索，刑事检察开展立案监督追究刑事责任。宜春市检察院以公益诉讼立案后，为防止刑事案件证据灭失、避免刑事案件线索移送后立案监督效果不佳以及提高案件侦办效率，公益诉讼调查取证时，同步收集涉嫌犯罪初步证据。公益诉讼检察部门向砂石加工企业和销售企业调取砂石收购、销售记录的账本以及进出货电子数据，结合公益诉讼案件证据材料，向刑事检察部门移送线索。刑事检察部门对线索进行调查核实后启动立案监督，督促公安机关刑事立案2件18人。三是刑事检察协助开展生态环境损害鉴定评估，公益诉讼检察提起民事公益诉讼追究生态损害责任。本案中，刑事检察部门提前介入引导侦查，协助公益诉讼检察部门提出民事公益诉讼案件鉴定评估需求并形成生态环境损害修复的鉴定意见。宜春市检察院通过纵向一体化履职，指导袁州区检察院对潘某等人提起刑事附带民事公益诉讼，索赔430余万元用于生态修复及治理。

（四）主动争取党委、政府支持，推动完善公益保护协作机制

为推动袁河流域非法采砂问题系统治理，宜春市检察院结合办案形成非法采砂专题调研报告向当地党委、政府呈送。宜春市扫黑办部署开展自然资源非法采矿专项整治，水利和自然资源等部门联合乡镇常态化开展巡河行动。宜春市检察院开展非法采矿公益诉讼专项监督中，行政机关主动移送多条因行政职责交叉而长期未解决的公益受损案件线索，均获有效解决。同时，针对本案反映的两法衔接不畅、信息共享不足等问题，宜春市检察院牵头建立“河（湖）长 + 警长 + 检察长”工作机制，强化河（湖）长工作机构、公安机关、检察机关在涉水刑事及公益诉讼案件上的协作配合。完善12345+检察公益诉讼联动工作机制，市12345政务服务便民热线设置公益诉讼专席，由专人整理和流转涉及公益损害的投诉举报线索，有效拓宽公益诉讼案件线索来源渠道。

三、案件办理的启示和思考

（一）充分发挥检察公益诉讼法治保障作用，助推中央生态环境保护督察整改

中办、国办印发的《中央生态环境保护督察整改工作办法》明确了检察机关对督察移送的生态环境损害问题，依法开展公益诉讼的职责。检察机关要充分发挥公益诉讼检察监督支持补位作用，最大限度

推动问题全面整改、彻底整改。一是监督作用。一方面，以行政公益诉讼督促行政机关依法全面履职。本案中，行政机关虽然进行了调查并督促整改，但非法采砂问题仍然延续，宜春市检察院通过行政公益诉讼立案监督，制发检察建议，推动行政机关加大执法力度。另一方面，以公益诉讼检察和刑事检察的融合履职，开展刑事立案监督追究刑事责任。本案通过公益诉讼检察履职发现刑事案件线索，并开展刑事立案监督，促使公安机关立案侦查，追究违法团伙刑事责任。二是支持作用。对涉及部门多、原因复杂、治理难度大的问题，要立足行政公益诉讼，督促行政机关协同履职落实整改责任。同时可以根据行政机关需求，采取协助调查取证、提供法律咨询、提交支持起诉意见书、派员出席法庭等方式给予支持。对于水利部门与自然资源部门在执法权限上存在的分歧，宜春市检察院通过行政公益诉讼案件听证会厘清各自职责，推动两家单位开展联合执法，并将调取的证据资料移送至行政机关协助取证。三是补位作用。检察机关严格落实“谁污染、谁治理”“谁破坏、谁修复”要求，对于破坏生态问题未启动生态环境损害赔偿程序又未提起诉讼的，依法提起民事公益诉讼。本案中，行政机关对采砂点实施代履行修复后未启动索赔程序，检察机关提起刑事附带民事公益诉讼追究违法主体生态损害责任。

（二）深化“公益＋刑事”检察一体化办案，破解生态环境领域重大公益损害问题

生态环境领域法定罪名多，刑事、行政、民事责任具有竞合性，加强公益诉讼检察、刑事检察一体履职，有利于全面准确打击违法犯罪行为，形成法治震慑。[①] 一是凝聚监督合力。“公益＋刑事”检察一

① 易小斌:《高质效办好公益诉讼案件推进绿色转型》，载《检察日报》2024年9月5日，第4版。

体办案模式有利于强化检察机关内部协作配合，形成法律监督聚合效应。本案中，检察机关深入调查中央生态环境保护督察信访件反映的损害公益问题，对于公益诉讼案件中发现的涉嫌犯罪线索没有一移了之，通过融合履职，既推动生态环境受损问题整改，又严厉打击非法采砂团伙，得到当地群众高度认可。二是增强监督刚性。自 2017 年检察公益诉讼制度全面实施以来，公益诉讼案件数量增长迅速，治理价值充分显现，社会认同度、支持度越来越高，但调查取证难、检察建议刚性不足等问题仍然存在。在公益诉讼检察、刑事检察同步监督的情况下，行政机关对检察机关调查取证的配合度更高、后续整改更加重视。本案中，通过检察监督打击了非法采砂团伙，亦助力行政机关解决了非法采砂长期执法难问题，得到行政机关高度认同，并有效推动采砂点生态修复工作。三是提升监督能力。检察公益诉讼是各项检察工作中更带有主动性的职能，要从以往的在刑事案件中找公益诉讼案件线索变为以公益诉讼调查为主导，公益诉讼检察与刑事检察相互借力、协同履职，维护公共利益。对于重大公益损害问题，检察机关在公益诉讼立案后，充分行使调查核实权，挖掘重大公益受损问题背后的涉嫌犯罪线索，启动刑事立案监督程序。符合刑事立案条件的，通过提前介入引导侦查收集固定提起民事公益诉讼需要的证据。

（三）完善公益诉讼检察和刑事检察衔接配合机制，构建协同保护公益模式

检察机关内部横向的协作配合是检察一体化的重要内容。《人民检察院公益诉讼办案规则》对公益诉讼检察如何与刑事检察实现有效衔接作了原则性规定，为公益诉讼检察与刑事检察业务融合发展提供了直接依据。下一步，需要完善公益诉讼检察和刑事检察衔接配合机制。一是跨部门建立公益诉讼检察和刑事检察一体化办案团队。对于检察履职中发现的重大公益损害线索，按照公益受损类型，如生态环境破

坏等按照“一事一议”原则，探索组建“刑事+公益”检察办案团队，集中力量查办同时涉及公益诉讼案件线索和刑事案件线索的重大公益损害问题，提升衔接协作的配合度和调查工作效率。二是优化线索移送机制。对于公益诉讼案件中发现涉嫌犯罪线索的，由办案团队调查核实后，减少检察机关内部的线索移转程序，依托现有工作机制监督公安机关立案。三是完善公益诉讼调查取证机制。对于重大公益损害问题可能涉及公益诉讼案件线索和刑事案件线索的，以公益诉讼立案后，由办案团队统一开展线索核查以及调查取证工作。刑事检察同步介入案件办理，加强立案监督以及侦查监督，一方面，在公益诉讼案件调查取证阶段，引导公安机关开展立案侦查以及刑事案件证据转换等协作；另一方面，在刑事侦查阶段，协助公益诉讼调查取证，按照提起民事公益诉讼的鉴定评估需求委托鉴定。司法警察为调查取证工作全程提供保障，对于阻碍调查取证的依法处理。四是建立庭审协作机制。在刑事附带民事公益诉讼庭审中，公益诉讼起诉人和刑事公诉人的职责有分有合。公益诉讼起诉人围绕诉讼请求，重点对刑事附带民事公益诉讼的特有程序性、实体性事实进行举证、质证，发表出庭意见。对刑事公诉人已经出示的证据不再重复举证，确有必要的可以简要说明证明目的。

学好用好党内法规　做深做实检察公益诉讼

李元泽*

最高人民检察院检察长应勇强调，检察公益诉讼制度是习近平法治思想在公益保护领域的生动实践和原创性成果，已成为习近平法治思想的标识性概念之一，是强化检察机关法律监督、促进行政机关依法履职的重要制度设计，要把党纪学习教育成果转化为深化习近平法治思想检察实践的强大动力。实践中，检察机关要以严格执行《中国共产党纪律处分条例》（以下简称《条例》）为导向，以学思践悟“三个善于”为方法，从以下方面学好用好党内法规、做深做实检察公益诉讼。

一、准确把握不作为、乱作为、慢作为、假作为的“违法性”与“可诉性”

习近平总书记在党的十八届四中全会上提出“探索建立检察机关提起公益诉讼制度”时鲜明指出，“行政违法行为构成刑事犯罪的毕竟是少数，更多的是乱作为、不作为。如果对这类违法行为置之不理、任其发展，一方面不可能根本扭转一些地方和部门的行政乱象，另一方面可能使一些苗头性问题演变为刑事犯罪”，并明确检察公益诉讼办理“一些行政机关违法行使职权或者不作为造成对国家和社会公共利益侵害或者有侵害危险的案件”，强调“这项改革可以从建立督促起诉制度、完善检察建议工作机制等入手”。

检察公益诉讼维护的国家和社会公共利益具有广泛性，涉及最广

* 李元泽，最高人民检察院公益诉讼检察厅一级调研员。

大人民根本利益。随着党内监督越来越严，对损害公共利益的行政违法行为的识别更加精准。《条例》第126条对不作为、乱作为、慢作为、假作为等损害群众利益行为作出处分规定。

检察机关要善于从纷繁复杂的法律事实中准确把握实质法律关系，深刻认识到在党的领导下，检察机关与行政机关工作目标都是维护人民根本利益。同时，检察机关还要善于从行政机关及其工作人员的不作为、乱作为、慢作为、假作为中，精准监督损害公益的严重行政违法行为，破解相关领域公益保护执法司法衔接不畅等难题。例如，为监督保障《海洋环境保护法》第114条中关于“对污染海洋环境、破坏海洋生态，给国家造成重大损失的，由依照本法规定行使海洋环境监督管理权的部门代表国家对责任者提出损害赔偿要求。前款规定的部门不提起诉讼的，人民检察院可以向人民法院提起诉讼。前款规定的部门提起诉讼的，人民检察院可以支持起诉”的规定得到严格执行，用好《中央生态环境保护督察工作规定》第24条中关于“对督察发现需要开展生态环境损害赔偿工作的，移送省、自治区、直辖市政府依照有关规定索赔追偿；需要提起公益诉讼的，移送检察机关等有权机关依法处理”的规定，以及《党政领导干部生态环境损害责任追究办法（试行）》第5条中关于“对公益诉讼裁决和资源环境保护督察整改要求执行不力的”，应当追究相关地方党委和政府主要领导成员的责任的规定，切实增加检察公益诉讼与环保督察的监督合力，及时有效监督纠正应当索赔追偿未依法索赔追偿或者滥用索赔追偿权，造成公共利益侵害或者侵害危险持续存在甚至扩大的严重行政违法行为，并为完善督促起诉制度夯实基础、创造条件。

针对《条例》修订中新增的“慢作为”“假作为”，可以从相关党内法规和法律规定中找准检察公益诉讼的切入点和着力点。例如，《地方党政领导干部安全生产责任制规定》《地方党政领导干部食品安全责任制规定》规定，对迟报、漏报、谎报或者瞒报生产安全事故，隐瞒、谎报、缓报食品安全事故，以及工作不力导致生产安全事故人员伤亡和经济损失扩大或者造成严重社会影响，对本区域内发生的食品安全事故未及时组织领导有关部门有效处置造成不良影响或者较大损失的，分别作出问责规定。检察机关可以用好这些党内法规，结合突发事件应对法相关规定，立足安全生产和食品安全领域，有力拓展事故灾难、公共卫生事件等突发事件应对领域检察公益诉讼案件范围。

党的性质和宗旨决定了党纪必然严于国法。坚持把纪律挺在前面，贯通规纪法，衔接纪法罪，有利于准确把握行政公益诉讼的“可诉性”，精准规范地对严重损害公益的不作为、乱作为、慢作为、假作为的责任单位提出检察建议、提起公益诉讼。

二、深刻领会纪法贯通衔接所蕴含的系统观念和法治思维

在当前检察公益诉讼“4+11”的法定领域中，国有财产保护领域办案难度相对较大，拓展空间更为宽广，对纪法贯通衔接的需求也更加迫切。《中共中央关于建立国务院向全国人大常委会报告国有资产管理情况制度的意见》的贯彻落实，实现了对企业国有资产（不含金融企业）、金融企业国有资产、行政事业性国有资产、国有自然资源资产四大类别国有资产专项报告和审议监督的全覆盖，推进了人大监督与审计监督、纪检监察监督贯通协同。《条例》在第30条新增第2款，明确对“违反国家财经纪律，在公共资金收支、税务管理、国有资产管理、政府采购管理、金融管理、财务会计管理等财经活动中有违法行为的”，视情节给予党纪处分。这为检察监督与上述监督贯通协同，做深做实国有财产保护检察公益诉讼，特别是将国有自然资源资产保护与生态环境和资源保护协同推进、系统治理，提供了新路径。

检察机关要善于从具体法律条文中深刻领悟法治精神。例如，新修订的《矿产资源法》第74条明确规定：违反本法规定，破坏矿产资

源或者污染环境、破坏生态，损害国家利益、社会公共利益的，人民检察院、法律规定的机关和有关组织可以依法向人民法院提起诉讼。全国人大常委会委员、监察和司法委员会副主任委员邱学强特别指出，这有利于处理好执法执纪与法律监督的关系问题，从而更好保护国家矿产资源、国家公共利益。公益诉讼检察人员要结合深刻领会《矿产资源法》第76条关于“勘查、开采矿产资源、开展矿区生态修复，违反有关生态环境保护、安全生产、职业病防治、土地管理、林业草原、文物保护等法律、行政法规的，依照有关法律、行政法规的规定处理、处罚”的规定中的系统观念和法治思维，用好《领导干部自然资源资产离任审计规定（试行）》，增强检察监督与审计监督的合力，重点强化对领导干部在土地、水、森林、草原、矿产、海洋等自然资源资产的管理开发利用，大气、水、土壤等环境保护和环境改善，森林、草原、荒漠、河流、湖泊、湿地、海洋等生态系统的保护和修复等方面履行自然资源资产管理和生态环境保护责任情况的监督；用好《党政主要领导干部和国有企事业单位主要领导人员经济责任审计规定》，重点拓展深化对国有企业主要领导人员生态环境保护情况的监督。以做深做实矿产资源保护检察公益诉讼为突破口，推动贯通各类监督，提升治理效能，实现良法善治。

三、努力实现行政公益诉讼时、度、效的有机统一

党的中心工作推动到哪里，检察工作就跟进到哪里。2021年以来的“中央一号文件”持续部署乡村振兴工作。《乡村振兴责任制实施办法》提出“把确保粮食和重要农产品供给作为首要任务，全面落实耕地保护和粮食安全党政同责，严格落实耕地和永久基本农田保护、高标准农田建设任务”，要求“村民委员会和农村集体经济组织发挥基础性作用”，“深化农村土地制度、农村集体产权制度改革，赋予农民

更加充分的财产权益”，强调社会资本到乡村发展与农民利益联结型项目不得损害农村集体经济组织及其成员的合法权益。这对检察机关服务保障乡村振兴提供了思路。

检察机关要善于在法理情的有机统一中实现公平正义。比如“三农”工作敏感复杂，公益诉讼检察人员要乘势而上、顺势而为，尽力而为、量力而行，预防为主、标本兼治，努力实现检察公益诉讼办案时、度、效的有机统一。特别是要结合贯彻执行乡村振兴促进法，用好《农产品质量安全法》第 79 条第 2 款授权检察机关针对食用农产品生产经营者污染环境、侵害众多消费者合法权益，损害社会公共利益的可以依法提起公益诉讼;《农村集体经济组织法》第 56 条第 2 款授权检察机关对确认农村集体经济组织成员身份时侵害妇女合法权益，导致社会公共利益受损的可以发出检察建议或者依法提起公益诉讼等规定，做深做实可感受、能体验、得实惠的检察为民，真正让广大农民群众感受到公平正义。

跨区划流域综合治理的检察公益诉讼方案更加成熟定型

秦天宝　张国强*

“南四湖专案”是“万峰湖专案”之后又一个具有里程碑意义的重大案件，是习近平法治思想和习近平生态文明思想在公益诉讼领域的生动实践，它充分诠释了检察公益诉讼制度在解决跨区划流域综合治理难题方面的独特价值和重要作用，探索形成了诸多可供学习借鉴的有效机制和宝贵经验，为检察机关高质效办案树立了标杆，为检察公益诉讼立法提供了实践支撑。

一、“南四湖专案”是习近平生态文明思想在环境公益诉讼中的新实践

习近平总书记强调：“绿水青山既是自然财富、生态财富，又是社会财富、经济财富。”办理“南四湖专案”过程中，最高人民检察院贯彻落实习近平生态文明思想，始终坚持“绿水青山就是金山银山”生态文明建设理念，推动“两山”转化。针对办案中发现的自然保护区保护、管理等问题，最高检与国家林业和草原局会签《关于建立健全林草行政执法与检察公益诉讼协作机制的意见》。针对办案中发现的微山县跨湖大桥建设难题，最高检积极与水利部、淮河水利委员会对接，协同解决左右岸交通受阻等历史性难题。针对办案中发现的生态

* 秦天宝，武汉大学法学院院长、武汉大学环境法研究所所长，中国法学会环境资源法学研究会副会长兼秘书长；张国强，最高人民检察院公益诉讼检察厅三级高级检察官助理。

养殖等环境治理根源问题，最高检推动开展大水面生态增养殖渔业试点工作，截至目前微山县累计实施生态化养殖改造5万亩。为实现生态经济利益，最高检与中国工商银行总行制定《“公益诉讼检察＋农村普惠金融”助力南四湖微山县区域治理工作方案》，推动济宁市政府与中国工商银行山东省分行签订金融合作协议，服务保障当地工矿企业稳定经营、产业转型升级、退湖渔民安居乐业，推动南四湖流域实现“绿水青山”与“金山银山”的路径转化。经过生态综合治理，南四湖湖区已经被评为5A级景区。

习近平总书记强调：“我国生态环境保护中存在的突出问题大多同体制不健全、制度不严格、法治不严密、执行不到位、惩处不得力有关。”保护生态环境必须依靠制度、依靠法治。“南四湖专案”就是运用法治手段解决生态环境保护问题的成功案例。针对一个生态环境部门移交的“老大难”问题，检察机关充分发挥检察公益诉讼督促之诉、协同之诉、兜底之诉的独特价值，坚持系统思维、法治思维，统筹运用行政公益诉讼和民事公益诉讼两种手段，依法精准高效办案，取得了显著成效。

二、“南四湖专案”深化了跨区划流域综合治理的检察公益诉讼新模式

跨区划流域环境污染治理，由于涉及不同辖区、各辖区发展水平不同、管理主体分散、执法标准不一、利益主体多元等客观因素，一直都是生态环境保护领域的“老大难”问题。南四湖流域尤为突出。南四湖流域位于山东、江苏、河南、安徽四省交界处，涉及34个县（市），各地自然资源、历史条件、发展状况、突出问题、治理重点差异较大，“多头管”“交叉管”“无人管”现象突出。问题表面在湖区，根源在流域，“上下游不同行，左右岸不同步”的治理标准不统一问题

突出，“点”的发力难以带动“面”的改善，仅靠分省而治难以实现全面根本治理。

考虑到南四湖流域生态环境受损问题的严峻性、复杂性、特殊性，检察机关发挥一体化办案优势，由最高检院领导担任办案组组长，最高检公益诉讼检察厅和山东、江苏、安徽三省四级检察机关200余名检察人员组成办案组。办案过程充分显示了检察一体化办案的优势，完善了上下级院在办案中的职责分工，确立了依法依层次立案和监督的办案方式。

本案也充分显示了检察机关在解决跨流域生态环境保护方面的潜力。首先，由于一体化办案机制的存在，检察机关可以实现跨层级、跨区域的动员协调，在解决跨行政区域的争端方面发挥重要作用。其次，通过争取地方党政支持，结合各类监督力量，很好地针对跨流域环境问题的难点因地制宜地予以突破，实现更好的环境治理效果。磋商、检察建议和诉讼的综合运用也可以在提高办案效率和公益保护之间实现平衡。最后，检察机关不仅可以通过公益诉讼在个案层面保护环境公共利益，还能在促进环境标准统一、执法体系完善等流域治理能力系统强化方面发挥积极作用。

如果说“万峰湖专案”是检察公益诉讼推动解决跨区划流域综合治理问题的初步探索和尝试，那么“南四湖专案”的成功办理标志着跨区划流域综合治理的检察公益诉讼模式已经成熟定型，为后续解决同类问题提供了可复制可推广的行之有效的检察公益诉讼方案——针对跨区划的流域生态环境保护治理，检察机关通过统筹一体化办案、上级院直接立案、跨区域检察协作等方式，助推行政机关统一流域排放标准，建立跨区划执法协作机制，督促规范行政执法程序，促进跨区划、跨部门、跨层级的协同共治。

三、“南四湖专案”是科技助力检察公益诉讼办案的新标杆

习近平总书记强调，“要把深化司法体制改革和现代科技应用结合起来”，“推动大数据、人工智能等科技创新成果同司法工作深度融合”。从近几年检察公益诉讼办案实践来看，检察机关始终高度重视现代科技手段在司法办案中的运用，为检察办案提供证据和技术支持。这一点在“南四湖专案”办理中得到集中体现。

针对南四湖流域面积广阔，依靠传统手段难以全面发现污染线索、固定证据的情况，最高检组建“公益诉讼 + 检察技术 + 司法警察”的办案团队，成立由第三方中国科学院空天信息创新研究院委派的卫星遥感专家和最高检检察技术信息研究中心生态环境专业检察技术人员组成的技术分组，利用卫星遥感技术提取分析近几年南四湖流域卫星遥感影像数据，运用光谱特征分析、土地覆盖物解释识别、大气污染物分析、构建大数据监督模型等多种监测技术手段，排查问题线索。依托最高检检察技术信息研究中心设备资源和技术，对采集样品中重金属、化学需氧量、氨氮、总磷等污染物进行定量检测，固定证据。特别是在公开听证会上，通过对办案前后同期数据进行对比，清晰地说明南四湖水质在专案办理前后的巨大变化。

检察机关邀请检察技术人员、技术专家全程参与办案，通过运用检察技术专业知识和卫星遥感、无人机航拍、快速检测、实验室检验鉴定等技术手段，为公益诉讼案件线索发现及研判、调查取证、检验鉴定、证据审查、效果评估等环节提供全方位、全流程的技术支持，以科技赋能提升公益诉讼办案质效。

四、"南四湖专案"为检察公益诉讼专门立法提供了新支撑

2023年9月，制定检察公益诉讼法被纳入十四届全国人大常委会立法规划一类项目。同年12月，全国人大监察司法委作为牵头单位正式启动该立法项目。今年，《全国人大常委会2024年度立法工作计划》将检察公益诉讼法列为预备审议项目。检察公益诉讼专门立法进入到一个快速推进的关键时期。立法的目的在于服务司法实践，立法的基础同样源于司法实践。

"南四湖专案"积累了许多可复制可推广的经验做法，为检察公益诉讼专门立法提供了鲜活有力的支撑。尤其是，本案深刻反映了综合运用检察民事公益诉讼、行政公益诉讼与生态环境损害赔偿制度对于实现环境公益保护的重要性。这些制度的适用范围与衔接一直是公益诉讼司法实践以及理论研究中的重点和难点问题。专案组综合运用了上述制度，通过优先督促行政机关提起生态环境损害赔偿诉讼的方式解决其与民事公益诉讼的关系问题，很好地体现了"生态环境损害赔偿诉讼优先"的原则。值得注意的是，行政公益诉讼与民事公益诉讼在救济生态环境损害方面也有很多相通之处。二者之间的关系，如何确定顺位、衔接规则，何时应当提起行政附带民事公益诉讼都值得深入探讨。本案中，检察机关以提起行政公益诉讼为主，符合理论界认为行政公益诉讼为主、民事公益诉讼辅助的认识。结合办案经验对"两诉"关系进行深入探讨，归纳"两诉"的选择、衔接规则，将有助于检察公益诉讼立法的完善。

再比如，本案很好地体现了公众参与在检察公益诉讼中的意义。公益诉讼中，确认公益是否受到损害以及应进行何种程度的利益修复是案件办理的难点问题，也理应体现公众的一致价值选择。这就使得公众参与在公益诉讼中具有独特的意义。"南四湖专案"中，三级检察

机关就个案中的法律适用等问题进行了多次听证，并促进了行政机关整改工作。这对精准规范办理案件，提升司法公信力，发挥案件的示范效应起到了重要作用。可进一步探索在检察公益诉讼，特别是生态环境损害的评估、修复方案的拟定和执行中公众参与的可能形式。

上述在办案中不断摸索形成的经验做法，具有较强的可行性和操作性，可以考虑在检察公益诉讼立法中予以吸收，加以固化，成为检察公益诉讼领域的指导性规范和准则。

涉外公益诉讼检察工作的探索与展望

卢佳佳*

“法者，天下之准绳也。”法治在国家治理和国际竞争中具有极其重要的地位。随着世界百年未有之大变局加速演进，法治成为各国较量博弈的新战场，涉外法治工作的重要性日益凸显。检察机关作为国家的法律监督机关和保障国家法律统一正确实施的司法机关，在涉外法治工作中肩负着重要责任。公益诉讼检察作为检察机关的重要职能之一，在涉外法治建设中具有独特的地位和作用。如何加强涉外公益诉讼检察工作，高质效履行检察职能，以法治之力支撑服务高水平对外开放，是当前面对的一项新课题。公益诉讼检察要坚持以习近平新时代中国特色社会主义思想为指引，深刻认识新形势下加强检察机关涉外法治工作的重大意义，坚持“走出去”和“引进来”相结合，在守正创新中不断完善公益诉讼制度，助推涉外法治工作，以更加优质的检察产品，为更好统筹国内国际两个大局提供坚实法治保障。

一、坚持胸怀天下，深刻认识新形势下加强检察机关涉外法治工作的重大意义

从党的十八届四中全会第一次明确提出“加强涉外法律工作”，到坚持统筹推进国内法治和涉外法治作为习近平法治思想“十一个坚持”的重要内容之一，再到党的二十届三中全会将“坚持全面依法治国”作为进一步全面深化改革的一项重大原则，对完善中国特色社会主义法治体系包括加强涉外法治建设作出战略部署，党中央始终高度

* 卢佳佳，最高人民检察院公益诉讼检察厅四级高级检察官助理。

重视涉外法治工作。习近平总书记指出，涉外法治作为中国特色社会主义法治体系的重要组成部分，事关全面依法治国，事关我国对外开放和外交工作大局。“在强国建设、民族复兴新征程上，必须坚持正确政治方向，以更加积极的历史担当和创造精神，加快推进我国涉外法治体系和能力建设。”①

当前，世界百年未有之大变局加速演进，全球治理体系深刻变革，国际环境的不稳定性和不确定性明显上升，我国发展战略机遇和风险挑战并存。随着我国同国际社会的互联互动日益紧密，来到中国的外国企业和人员越来越多，同时，越来越多的中国企业和公民走出国门，随之而来的是相关涉外案件和法律纠纷愈发增多。新形势下，涉外法治工作在推进中国式现代化建设、保障国家总体安全、引领和推动全球治理变革中的分量更加突出、作用更加重大。加快推进涉外法治工作，是准确把握战略机遇、积极应对风险挑战的当务之急，是提升我国国际影响力、感召力、塑造力的重要途径，是全面推进强国建设、民族复兴伟业的长远所需。检察机关是推动涉外法治工作的重要力量，检察机关涉外法治工作是国家整体涉外法治工作的关键一环。检察机关要坚持胸怀天下，站在更好统筹国内国际两个大局、更好统筹发展和安全两件大事的高度，深刻认识做好涉外法治工作的重要性、紧迫性，充分发挥检察职能，促进在法治轨道上维护国家主权、安全、发展利益。

检察公益诉讼制度作为习近平法治思想在公益保护领域的生动实践和原创性成果，已成为习近平法治思想的标识性概念之一，在10年的探索实践中，展现出强大的生命力，以更具有主动性的司法介入激活现有机制失灵、僵化、缺漏的地方，实现并强化对公共利益的保护，推动国家治理体系和治理能力现代化。如何更好立足公益保护职

---

① 莫纪宏:《加快推进涉外法治体系建设》，载《民主与法制》2024年第18期。

能，在推进检察机关涉外法治工作、助推我国涉外法治建设中发挥更大作用，已成为公益诉讼检察面对的一项新的重大课题。要在服务党和国家大局中深刻领悟做好涉外法治工作的重要性和紧迫性，坚持“引进来”和“走出去”相结合，积极履行检察机关国家和社会公共利益代表的职责，探索在应对外部风险挑战中发挥公益诉讼独特职能作用。加强公益诉讼国际交流与合作，传播“高质效办好每一个案件”“三个善于”等检察工作新理念，讲好“公益诉讼守护人民群众美好生活”的检察故事，展现可信、可爱、可敬的中国检察形象，推动传统文化、法治文化和现代文明的有机融合，让中华法治文明更好走向世界。

二、高质量引进来，合理借鉴域外公益诉讼制度的有益经验

2024 年是探索建立检察机关提起公益诉讼制度十周年，检察公益诉讼立法也正在紧锣密鼓地推进。从试点至今，经过 10 年艰辛探索，走过初创时期，公益诉讼办案实践不断丰富、履职领域持续拓展、制度效能充分释放，以独具特色的公益司法保护“中国方案”，有力维护了国家利益和社会公共利益。中国的公益诉讼检察作为一项创新的职能，在制度基础、运行机理等诸多方面都与国外的公益诉讼制度有重大差异，要以更加开放包容的胸怀，加强与世界各国的互容、互鉴、互通，坚持高质量引进来，学习借鉴域外公益诉讼有益经验，不断完善我国的公益诉讼制度。韩国的公益组织与律师注重与政府部门合作、俄罗斯的当事人申请是重要的案件线索来源等做法，对于发展和完善我国的公益诉讼制度具有一定的借鉴意义，本文以同处于发展中国家的巴西为例，选取可供参考之处。

（一）关于检察机关的法律监督职责

根据巴西公共民事诉讼法第 82 条规定，检察机关在民事诉讼中首要的职责是法律监督，因此，检察机关参加诉讼本身就和其法律监督的职能息息相关。只有在法律明确规定和授权时，巴西检察机关才能作为当事人提起民事诉讼。根据维护公共利益的宪法定位，对于涉及公共利益的案件赋予巴西检察机关监督权。检察机关作为一方当事人起诉的同时，也具有法律监督者的身份，肩负法律监督的职责，二者互不相斥。这对于厘清检察机关应当以抗诉还是以上诉方式启动二审程序具有启发意义。从坚持系统观念的角度来看，检察机关履行法律监督职责应贯穿于从检察立案到法院审判和执行的各环节、全过程，包括在审判过程中启动二审程序，而不应机械、割裂地认为检察机关在审前程序和审判后阶段才是履行法律监督职权。换言之，检察机关提起公益诉讼、进入到审判阶段后，始终是在履行法律监督职责，而非承担普通当事人的角色。

（二）关于进一步充分运用技术手段辅助办案的问题

巴西政府各部门的预算及使用情况会及时公开并实时更新，检察机关的专业人员可以通过网络查询政府数据及卫星图谱，并进行科学分析，形成报告供办案参考。[①] 实践中，为破解线索发现难、调查取证难等问题，我国检察机关可以借鉴巴西的做法，办理公益诉讼案件时进一步充分运用技术手段辅助办案。办理流域治理类案件时，充分运用卫星遥感和大数据技术对流域污染问题进行监测，为公益线索发现、追溯分析和调查取证提供专业支撑。依托各地公益诉讼指挥中心推广应用大数据法律监督模型，通过主动性、系统性、深层次监督，

---

① 王莉：《巴西公益诉讼检察制度及启示》，载《人民检察》2022 年第 7 期。

全方位实现公益诉讼办案的提质增效，进一步丰富中国公益诉讼检察的制度实践。

（三）关于调查权问题

20世纪末期以来，从传统的刑事公诉到涉及社会利益的公益诉讼，巴西检察机关通过职能的转变持续发挥着关键作用。巴西《宪法》第129条第3款规定民事调查权，该民事调查权专属于检察机关。民事调查的目的是确定公益受损事实，认定损害范围和程度，确定责任主体。检察机关在调查过程中，有权要求有关私人或公共机构提供相关资料和文件，被调查的个人和机构不得拒绝。被调查对象如果拒绝或不配合，依情节可能会受到刑事制裁。[①] 这对于公益诉讼办案人员反映强烈的调查权刚性不足的问题具有宝贵的借鉴意义。目前，在公益诉讼办案实践中，检察人员开展调查核实时主要采取查阅、调取、复制有关材料，询问、委托鉴定等方式，不可采取限制人身自由或者查封、扣押、冻结财产等强制性措施。对于拒绝或者妨碍调查取证的，可以向同级人大常委会报告，向同级纪检监察机关通报，或者通过上级检察院向其上级主管机关通报。结合巴西调查权的具体经验，可以探索赋予检察机关在办理公益诉讼案件中必要的强制调查权，明确行使调查权的具体内容、审批程序和保障措施，让调查核实不仅仅是停留在纸面上，而是真正有效、管用地应用到司法实践中。

三、高水平走出去，用心用情讲好公益诉讼检察的中国故事

习近平总书记指出：“中国走向世界，以负责任大国参与国际事

---

① 张雪樵、万春主编：《公益诉讼检察业务》，中国检察出版社2022年版，第17页。

务，必须善于运用法治。”法治作为人类政治文明的重要成果，深化国际交往、广泛凝聚共识的重要途径就是加强对外法治交流合作。目前，正在推进制定的检察公益诉讼法，不仅适应时代发展的需要，而且是具有标杆意义的法治大事件，是世界法治史上前无古人的开篇之作。站稳中国立场，面向世界，高水平走出去，要用融通中外的语言讲好中国法治故事，加强对外法治话语和叙事体系建设，增进国际社会对中国法治的认识和认同。推进对外法治交流，关键在于讲好中国法治故事，用讲故事说服人、讲形象打动人、讲情感感染人、讲道理影响人，更好彰显前进中真实、立体、全面的法治中国、文明大国形象。

（一）关于中国首创的行政公益诉讼制度

巴西前总检察长拉奎尔·道奇提出，希望开展专题研究，更加充分全面地了解中国检察公益诉讼制度。党的十八届四中全会以来，在习近平法治思想的孕育和引领下，检察公益诉讼经历了从顶层设计到实践落地，已发展完善成为习近平法治思想在公益保护领域的生动实践和原创性成果。基于中国特色社会主义的制度优势，我国的公益诉讼检察以行政公益诉讼为独特标志，在党的统一领导下，检察机关坚持“公益之诉”“督促之诉”“协同之诉”的功能定位，督促行政机关依法履行职责，共同维护最广大人民的根本利益。通过实践探索，行政公益诉讼形成磋商、制发检察建议、提起诉讼的依次渐进式办案模式，通过磋商和制发检察建议等方式在审前解决公益受损的问题，力求以最小的司法成本实现公益的司法保护。同时，对于检察建议解决不了的问题，坚持以“诉”的确认体现司法价值的引领，充分保障监督的刚性。2023年，全国检察机关立案办理公益诉讼案件共189885件，其中，办理行政公益诉讼案件167776件，占立案总数达88.4%，涉及通过公益诉讼督促回收和清理的生产类固体废物达528.9万吨。行政公益诉讼的显著成效，彰显了推动依法行政的独特制度价值，为行政机关依法行政提供了清晰的司法引领，同时，从个案办理到系统治理的治理模式，有助于推动行政机关堵塞监管漏洞，充分激活促进社会治理的制度效能。

（二）中国检察机关在生态环境和资源保护领域发挥的积极作用

中国检察公益诉讼展现的现代化办案效果、天下无讼的价值追求、守正创新的“枫桥经验”获得党中央的肯定和认可，并得到越来越广泛的国际认同，在世界自然保护大会、联合国生物多样性大会等国际会议上，公益司法保护的“中国方案”广受关注和赞誉。2023年，全国检察机关立案办理生态环境和资源保护领域案件83924件，占立案总数的44.2%，其中，通过公益诉讼督促保护被污染的耕地、林地、草原等的面积为28.9万亩，向污染企业和个人共索赔环境损害赔偿金9.6亿余元。在生态环境和资源保护领域，公益诉讼检察坚决贯彻“用最严格制度最严密法治保护生态环境”，坚持“高质效办好每一个案件”，积累了丰富的实践样本。总结并推广跨区域、全流域生态环境和资源保护公益诉讼的一体化办案模式，助力大江大河和重要湖泊的保护治理。同时，聚焦重点行业、重点领域和区域环境污染问题，部署开展专项监督，促进系统治理和行业治理，助推高质量发展和高水平保护。强化检察公益诉讼与行政执法相衔接，不断推动落实信息资源共享、案件线索移送、调查取证等工作机制。英国环境部首席环境检察官、欧洲环境检察官网络主席安妮·布鲁斯南表示，期待未来能与中国检察机关在环境公益诉讼、促进气候转型领域开展更多交流。2024年7月25日，在吉尔吉斯共和国首都比什凯克召开的第二十二次上海合作组织成员国总检察长会议上，主会场旁大厅里举办的上合组织生态年专题展十分醒目，三组展板展示了三个中国公益诉讼检察案例，引起参会代表的赞赏议论。其中，在运用卫星遥感技术，成功办理“南四湖”公益诉讼检察专案中，南四湖水体从一度富营养化、悬浮物严重污染，到公益诉讼督促整改后，南四湖优良水质比例首次达到100%，再到统一执法标准成为流域治理的成功实践，为流域治理的世界难题提供了中国方案。

（三）加强公益诉讼交流互鉴

中国对世界的影响，从未像今天这样全面、深刻，世界对中国的关注，也从未像今天这样广泛、深切。习近平总书记指出，文明因多样而交流，因交流而互鉴。在对外交往中，要加强多双边法治对话，推进对外法治交流。注重中外互融互通，用创新的对外法治话语表达方式，更加鲜明地展示中国法治道路，更加立体地呈现中华法治文明。2024年6月26日，最高检公益诉讼检察厅副厅长邱景辉参加在联合国日内瓦举行的“高质量发展推动无障碍建设”主题活动，介绍了中国检察机关督促协同行政机关依法履职，为残疾人、老年人等特定群体守护美好生活的经验做法。与会代表纷纷表示，中方在无障碍建设领域走在前列，在国际社会引领了理念和实践革新，期待中方及其他国家与联合国机构继续围绕无障碍议题举办更多类似活动，增进各方交流互鉴，通过对话合作更好保护残疾人、老年人、妇女、儿童等特定群体权利。加强检察机关涉外法治工作任重而道远，要积极主动发声，用心用情讲好生动、鲜活的公益诉讼检察中国故事，让国际社会听得懂、能理解、可借鉴，扩大中国法治的影响力和感召力，为运用法治思维和法治方式推动构建人类命运共同体贡献中国智慧和中国方案。

地下水生态环境损害民事公益诉讼技术性证据审查与运用

贾琳琳　魏红霞*

2019年9月18日，习近平总书记在河南主持召开黄河流域生态保护和高质量发展座谈会时强调，推进水资源节约集约利用，要坚持以水定城、以水定地、以水定人、以水定产，把水资源作为最大的刚性约束。[①] 水资源包括地表水和地下水。[②] 地表水资源量指河流、湖泊、冰川等地表水体逐年更新的动态水量，即当地天然河川径流量。地下水资源量指地下饱和含水层逐年更新的动态水量，即降水和地表水入渗对地下水的补给量。[③] 地下水是最大的可利用淡水资源，是全球水循环的活跃组成部分，地下水超采治理是国家水安全保障的重要内容。

2021年10月，国务院出台《地下水管理条例》，积极贯彻习近平新时代中国特色社会主义思想，落实党中央、国务院关于地下水工作的战略部署，是保障水安全、推进生态文明建设的重大举措。2023年6月，水利部、自然资源部联合制定《地下水保护利用管理办法》，旨在贯彻落实《地下水管理条例》，加强地下水保护开发利用管理，保障地下水可持续利用，要求取用地下水的单位和个人遵守取水总量控

---

* 贾琳琳，内蒙古自治区人民检察院第八检察部二级检察官助理；魏红霞，内蒙古自治区鄂尔多斯市人民检察院第七检察部主任。

① 《习近平：在黄河流域生态保护和高质量发展座谈会上的讲话》，载《求是》2019年第20期。

② 《中华人民共和国水法》第2条规定：在中华人民共和国领域内开发、利用、节约、保护、管理水资源，防治水害，适用本法。本法所称水资源，包括地表水和地下水。

③ 参见《中国水资源公报2022》。

制和定额管理要求，使用先进节约用水技术、工艺和设备，尤其针对从事开采矿产资源、建设地下工程等的单位和个人，在开发利用地下水过程中申请取水许可、地下水取用水计量等方面予以严格法律约束。

一、检察机关提起首例煤矿企业超量疏干地下水生态环境损害民事公益诉讼案

2023 年 4 月，最高人民检察院在河南郑州举办首届服务保障黄河国家战略检察论坛。在本次论坛上，最高人民检察院与水利部联合部署黄河流域水资源保护专项行动，黄河流域九省区检察机关集中办理了一批水资源保护公益诉讼案件。2024 年 2 月 21 日，最高检召开“迎两会·高质效办好每一个案件”首场新闻发布会，发布 2023 年检察机关高质效履职办案典型案例。内蒙古自治区鄂尔多斯市煤矿企业超量疏干地下水生态环境损害民事公益诉讼案作为全国唯一公益诉讼案例入选。检察机关坚持以“诉”的确认引领司法价值，依法追究涉案企业破坏地下水生态环境的民事责任，开创了地下水生态环境损害赔偿的先河，为检察公益诉讼高质效办案提供有益实践探索。

（一）案件基本情况

2019 年 1 月至 2021 年 12 月，位于鄂尔多斯市棋盘井地下水超采区内的鄂尔多斯市某矿业公司违反《地下水管理条例》第 52 条规定，未依法安装煤矿疏干（疏干即把含水层中的水位降到生产工作面标高以下，或有计划地将水源和水部分或全部疏出，从而彻底消除在采掘过程中涌水的可能性）退水计量设施，且未在取水证有效期内重新提出取水申请，超出取水许可证批复的疏干水量共计 331.23 万立方米，地下水资源受到严重侵害。

（二）检察履职情况

2022年4月，中央生态环境保护督察组督察内蒙古自治区发现，鄂尔多斯市棋盘井地区违法取水用水问题突出，地下水位下降严重，水生态状况堪忧。最高检将棋盘井地区违法取水用水问题线索交给内蒙古办理。在内蒙古自治区检察院的统一调度下，明确由鄂托克旗检察院负责立案调查，由鄂尔多斯市检察院负责审查起诉。检察机关通过检察正义网发布民事公益诉讼公告，公告期满后，无适格主体提起诉讼。办案中，委托水利部牧区水利科学研究所（以下简称水利部牧科所）对地下水生态环境损害进行评估。经评估，水利部牧科所依据《生态环境损害鉴定评估技术指南 总纲和关键环节第1部分：总纲》（GB/T 39791.1—2020）、《生态环境损害鉴定评估技术指南 第1部分：土壤和地下水》（GB/T 39792.1—2020）、《生态环境损害鉴定评估技术指南 第2部分：损害调查》（GB/T 39791.2—2020）等规范，探索利用同位素指纹识别（同位素追踪）和常规水文地球化学联合分析技术，计算出涉案企业超量疏干水里含有具有水资源服务功能的奥灰水量为51.64万立方米，生态环境损害数额为194.68万元。

2023年10月，鄂尔多斯市人民检察院向鄂尔多斯市中级人民法院提起诉讼，诉请判令鄂尔多斯市某矿业有限责任公司依法赔偿因疏干水超量疏干造成的生态环境损害费用194.68万元、评估费用36万元，并在自治区级媒体上公开赔礼道歉。

（三）法院裁判结果

2023年12月12日，鄂尔多斯市中级人民法院对该案公开审理。一审法院认为，被告鄂尔多斯市某矿业有限责任公司超量疏干地下水的行为损害了社会公共利益。根据《民法典》第1229条、第1235条等规定，鄂尔多斯市某矿业有限责任公司应当承担生态环境损害赔偿费用、生态环境损害鉴定评估费用、赔礼道歉等侵权责任。2023年

12 月 29 日，鄂尔多斯市中级人民法院依法作出判决，支持公益诉讼起诉人的全部诉讼请求。目前，被告鄂尔多斯市某矿业有限责任公司已经履行生效判决所确定的所有义务。

二、地下水生态环境损害赔偿评估办案难点及解决路径

环境问题危害一定地区甚至全体人类的利益，实际上是过分追求个体利益而牺牲了社会公共利益的结果，充分反映了个体利益与社会利益的冲突。环境法是以社会利益为本位的法。[①]《环境保护法》第 5 条规定环境保护坚持保护优先、预防为主、综合治理、公众参与、损害担责的原则。“损害担责”原则是指对造成环境本身损害及其引起人身、财产损失应承担的责任。本案办理期间，检察机关查明了涉案企业超量疏干地下水的违法行为，适用环境法基本理论评价地下水环境损害的赔偿范围，探索地下水损害赔偿价值的计算规则，并运用技术性证据审查对损害评估意见进行论证，为司法实践提供有益借鉴。

（一）地下水环境损害的赔偿范围

根据《环境保护法》第 2 条、《地下水管理条例》第 2 条、《地下水保护利用管理办法》第 2 条，环境法上的“环境”是人类赖以生存和发展的各种自然因素的总和，具体包括大气、水、土地、森林等，[②]地下水是指赋存于地表以下的水，属于我国环境法保护的环境要素。根据《民法典》第 1229 条 、第 1235 条，最高人民法院《关于审理环境民事公益诉讼案件适用法律若干问题的解释》第 18 条规定，本案中，涉案企业违反国家规定，实施了损害地下水生态环境的违法行为，侵害了社会公共利益，应当承担环境侵权责任。若法律规定的机关和

① 吕忠梅:《环境法》(第二版)，高等教育出版社 2017 年版，第 24 页。
② 吕忠梅:《环境法》(第二版)，高等教育出版社 2017 年版。第 2 页。

有关组织不提起诉讼的，人民检察院有权提起民事公益诉讼，涉案企业应当承担停止侵害、排除妨碍、消除危险、修复生态环境、赔偿损失、赔礼道歉等民事责任。其中，赔偿损害包括承担的损失和费用有生态环境受到损害至修复完成期间的服务功能丧失导致的损失、生态环境功能永久性损害造成的损失、生态环境损害调查与鉴定评估等费用、清除污染与修复生态环境费用等。

（二）地下水损害赔偿价值的计算规则

办案中，地下水生态环境损害的价值认定问题得以突破。本案通过委托水利部牧科所对损害价值进行认定，水利部牧科所是中国国内从事牧区水利研究的科研单位，该所运用“资源等值分析法”认定地下水生态环境损害价值，从地表植被生态、土壤环境和地下水环境等方面，通过野外调查、取样检测和现场测试等方式，开展了疏干水超量疏干与环境要素不利变化的因果关系论证，在充分考虑涉案企业行业特殊性相关法律法规允许正常损害条件下，最终获得了疏干水超量疏干主要损害了地下水环境。鉴于涉案企业建矿至今为地下井工长臂式综掘综采，全部垮落管理顶板开采，其开采后所产生的顶板裂缝带和底板裂隙带势必会影响煤系地层直接充水含水层，导致直接充水含水层地下水涌入采矿空间因采矿安全而不得不被疏干，其因安全需要而疏排涌入采矿空间来自直接充水含水层的地下水是必要的，也是相关规范要求的。此其因安全需要而疏排涌入采矿空间来自直接充水含水层的地下水或多或少均对区域间接充水含水层有着间接影响，间接影响的间接充水含水层主要为该区域具有生态资源服务的含水层——奥陶系灰岩含水层。根据水质与同位素分析成果，采用水文地质领域的常规水文地球化学与同位素指纹识别技术相结合，利用煤系含水层与奥灰含水层同煤矿疏干水的常规水质特征离子和同位素特征质量守恒，开展疏干水水源判别；在疏干水水源判别基础上，获得煤矿疏干水中间接含水层地下水所占比例，并通过计算超量疏干水中影响具有生态资源服务功能的间接充水含水层程度。

本案例属于井工煤矿超量疏干地下水影响区域具有水资源生态服务功能的含水层地下水生态环境损害，故参照《环境损害鉴定评估推荐方法（第Ⅱ版）》（20141024）推荐生态环境损害评估方法—替代等值分析法；亦属于地下水资源损害，故进一步采用资源等值分析法开展生态环境损害价值量化。具体评估以批复疏干量 64.46 万立方米为疏干水量评估对照基线，考虑在自用水重复水量下，涉案企业评估时间范围内疏干水超量疏干水量为 331.23 万立方米；涉案企业评估时间范围内疏干水超量疏干对区域具有水资源服务功能奥灰含水层地下水水资源间接影响损害量为 51.64 万立方米；采用替代等值分析法（资源等值分析法）虚拟购买等量奥灰含水层地下水补给具有供水意义的奥灰含水层。经核定，2019 年至 2021 年涉案企业应直接补偿疏干水超量疏干生态环境损害费用总计为 194.68 万元。

（三）地下水损害赔偿价值认定的技术性证据审查

本案中，煤矿超量疏干地下水生态环境损害是新类型问题且疑难重大复杂，针对水利部牧科所出具的涉案企业超量疏干地下水影响具有水资源服务功能的奥灰水、影响的具体数量以及对地下水生态环境损害进行量化的评估意见属于全新探索，在全国范围内没有可供参考的案例。为此，检察机关对评估意见开展技术性证据审查，由省级检察院组织两次技术审查会。首先，邀请地下水环境保护领域的专家对地下水生态环境损害评估意见进行初次论证，又可称为“闭门自评”。与会专家主要围绕评估企业疏干水超量疏干对地下水资源造成损害赔偿的必要性与可行性、企业疏干水超量疏干水量确定、评估方法、水力转化系数、具有水资源服务功能的奥灰含水量的确定、水权转让综合价格确定方法与依据展开论证，综合评价涉案企业疏干水超量疏干生态环境损害评估报告的科学性与合理性。其次，组织评估意见专家技术审查会，技术审查会专家组、检察机关特邀专家、专案组主要办案人员、鄂托克旗水利局负责人、涉案企业代表出席了会议。在质询和讨论环节，由技术审查会专家组成员、检察机关特邀专家分别对报告进行评价并提出完善意见建议。与会专家及有关单位一致同意鄂尔多斯市某矿业有限责任公司疏干水水量超量疏干生态损害鉴定评估通过技术审查。

三、强化地下水生态环境损害技术性证据审查运用

地下水生态环境损害类型案件具有高度复合性和专业技术性，其救济手段具体包括民事、刑事附带民事和行政手段。从检察机关自上而下开展为期八个月的黄河流域水资源保护专项行动来看，九省区检察机关共受理水资源保护公益诉讼案件线索968件，行政公益诉讼案件占比超过九成，民事公益诉讼占比不高。案涉违法情形集中在违反黄河保护法、水法、水资源费征收管理条例等，未经批准擅自取水、未依照批准条件取水等案件，对地下水生态环境损害提起诉讼的案件并不多见。笔者以办理的鄂尔多斯市人民检察院诉鄂尔多斯市某矿业有限责任公司地下水生态环境损害民事公益诉讼案为例，针对煤矿企业超量疏干地下水造成的生态环境损害认定新问题，以技术性审查为手段，通过对案件核心证据的司法审查，提出案件办理的几点启示。

（一）拓宽地下水生态环境保护范围

水资源保护作为生态环境和资源保护领域的重头戏，也是检察公益诉讼工作的重中之重，既是贯彻落实习近平生态文明思想的重要抓手，又是检察机关服务生态文明建设的重要举措。司法实践中，检察机关在水资源保护方面办理的案件多数集中在地表水保护，具体包括

江河、湖泊新建、改建或扩大排污口造成的水污染问题，河道管理范围内的乱采、乱堆、乱建、乱占问题，生产建设项目位于重点流域的水土流失防治问题等；地下水保护方面涉猎不多，检察机关办案主要集中在依法监督有关职能部门履行地下水取用审批、水资源税费征收等问题，依法追究违法行为人破坏地下水资源侵权赔偿责任的案件比较罕见，本文提及的案例在地下水损害赔偿领域确是不可多得的典范，煤矿企业作为违法主体具有特定性。众所周知，煤炭是世界上储量最多、分布最广的常规能源，也是重要的战略资源。煤矿开采与地下水开采利用密切相关，内蒙古每年的煤炭产量位居全国前列，产煤大省（区）还包括山西、陕西、贵州、新疆、山东、安徽、河南等地。煤矿企业在煤炭开采过程中，在取得取水许可前提下，疏干地下水是煤矿安全生产作业的合法操作。本案恰恰是关注到矿企超量疏干地下水的违法问题，依法提出超量疏干地下水对生态环境造成损害，依法追究违法企业的民事侵权责任，对当地类案的再发生起到强有力的威慑和警示作用。通过办案拓展了地下水生态环境保护范围，突破了煤矿企业超量疏干地下水生态环境损害赔偿案件的空白。

（二）严格地下水保护调查取证

公益诉讼检察的办案方式以调查为主，行使调查核实权侧重于调查，需要更加主动全面收集调取相关证据，为督促行政机关履职整改、提起诉讼奠定基础。[①] 最高人民法院、最高人民检察院《关于检察公益诉讼案件适用法律若干问题的解释》第6条规定了检察机关办理公

① 易小斌、孙森森：《检察公益诉讼办案应当强化调查思维》，载《检察日报》2021年8月12日，第7版。

益诉讼案件的调查权。[①]《人民检察院公益诉讼办案规则》第 32 条至第 45 条详细规定了检察机关行使公益诉讼调查权的原则、调查前准备、调查收集证据方式、调查程序、调取具体证据程序等。以本文提到的案例为例，首先，检察机关要依法、客观、全面调查收集有关地下水受侵害的相关证据，比如，煤矿企业取得取水许可证、超出取水许可证批复进行疏干的水量等证据，要求证据符合合法性、客观性、关联性的要求；其次，调查收集的证据要满足办案需要，证据之间能够相互印证，能够证明涉案企业侵害地下水生态环境损害的侵权责任构成要件；最后，针对生态环境损害赔偿的鉴定评估、修复方案的可行性、修复费用的计算方式等专业技术性强的问题，通过委托专业机构提出评估意见，以便更好地确定相关证据的合法性。实践办案中，检察机关在行使调查权时，要区别于普通民事行政诉讼监督的调查核实权，更要区别于民事行政诉讼中的原告取证权，检察机关行使调查权更具有主动性和法定性。

（三）创设地下水生态环境评估规则

实践中煤矿等高耗水企业众多，地下水超采严重的现象屡禁不止，急需在国家层面建立地下水生态损害的评估技术和标准规范。本案在地下水生态环境损害赔偿评估方式的选择上能够立足实际，符合案件客观情况，评估方式手段具有科学性。评估单位利用国际先进的同位素指纹识别（同位素追踪）和常规水文地球化学联合分析技术进行计算，根据以往矿井水源判别经验，欲计算出矿井疏干水中各含水层水

---

① 最高人民法院、最高人民检察院《关于检察公益诉讼案件适用法律若干问题的解释》第 6 条规定：人民检察院办理公益诉讼案件，可以向有关行政机关以及其他组织、公民调查收集证据材料；有关行政机关以及其他组织、公民应当配合；需要采取证据保全措施的，依照民事诉讼法、行政诉讼法相关规定办理。

源所占比例，需根据矿井地质结构及各含水层水质情况，选取特征水质离子，选取的特征离子需满足各种水源混合后特征组分不产生化学反应，本次疏干水水源判别就利用特征离子分析，运用欧式距离聚类分析获得各含水层的离子特征值，采用质量守恒定律，计算各煤矿疏干水各含水层水源比例，从而计算出企业超量排放的疏干水里含有具有水资源服务功能的奥灰水量，最后采用《生态环境损害鉴定评估技术指南总纲》和《环境损害鉴定评估推荐方法（第Ⅱ版）》推荐的资源等值分析法，虚拟购买等量水质达标的自来水补给被间接袭夺的奥灰水量，从而对煤矿企业超量疏干的违法行为造成地下水生态环境损害进行量化并形成了评估报告。

（四）开辟技术性证据审查论证途径

检察公益诉讼办案需要的评估报告应当符合证据特征，评估在办案中具有初始性、基础性地位，对成案、胜诉具有关键作用。为此，办案检察官面对地下水保护新类型案件，探索对认定煤矿企业超量疏干造成地下水损害的评估报告进行技术性审查，组织召开煤矿企业疏干水超量疏干生态损害评估鉴定技术论证会与评估报告技术审查会，邀请专家对水利部牧科所出具的评估报告进行论证。具体流程包括：一是制定专家审查流程。首先，由办案检察官介绍案情。由于本案重大疑难复杂，省级、地市两级检察机关组成专案组办理，本案由主办检察官详细介绍了案件办理情况。接着，由水利部牧科所工程师汇报评估报告的主要组成部分，介绍评估依据、评估方法及评估结论。最后，专家针对专业领域提出质询、开展讨论并发表评估意见。审查专家为内蒙古自治区范围内地下水生态环境保护领域的资深专家，具体为水利、自然资源、生态环境领域专家库的专家。涉案企业委派代表参会。二是明确审查要点。与会专家主要评估专业机构依据地下水环境损害技术规范的合理性、采用计算规则的科学性以及评估过程的规范性等核心问题进行论证，结合煤矿开采生产作业的特殊性与疏干地下水的必要性等问题，综合评价涉案企业疏干水超量疏干生态环境损害评估报告的科学性与合理性。三是得出专家审查结论。检察机关特邀专家围绕地下水生态环境损害的技术审查核心问题，深入分析研判评估意见的科学性与合理性，最终与会专家及有关单位通过充分评估论证得出结论，评估报告得到了专家审查会各方认可，通过了技术审查，该评估报告可以作为证据使用。据了解，这份评估报告也是我国生态环境损害赔偿制度改革以来，全国首例煤矿企业疏干水超量疏干导致奥灰含水层生态环境损害的评估报告。

（五）合理运用技术性审查证据

检察机关针对办案中遇到的技术性较强的证据，通过邀请专业领域专家对证据进行技术性审查论证，有效协助检察人员判断技术性证据的科学性与合理性。若审查后报告属实，可将评估报告作为定案依据；倘若存在不属实或者有瑕疵的情况，要考虑重新评估并出具意见或作出补充意见及说明。笔者提到案例中，检察机关依据技术审查认定的评估报告提出诉讼请求，申请评估机构技术人员出席法庭就专业技术问题接受各方提问并作出解答，为检察人员对煤矿超量疏干地下水违法性的阐述、煤矿企业侵害地下水生态环境损害赔偿责任承担的认定给予了有力支持。在法庭最后陈述环节，煤矿企业当庭赔礼道歉，取得了良好的庭审效果。最终，人民法院据此作出裁判，依法判决鄂尔多斯市某矿业有限责任公司承担相应的生态环境损害赔偿侵权责任。面对纷繁复杂的新情况新问题，检察人员并不具备相关领域的专业知识，可以借助第三方力量，强化对技术性证据的审查，再将经过论证的技术性证据作为定案依据，能更好地兼顾个案公正，更好地实现公平正义。

预防性环境民事公益诉讼程序规则的完善进路

——以全国首例预防性放射污染民事公益诉讼案为切入点

方 强 李 享*

引 言

社会主义生态文明建设是新时代“五位一体”总体布局的重要组成部分。党的二十大报告提出“推动绿色发展，促进人与自然和谐共生”，并强调要“严密防控环境风险”。① 在民事诉讼领域，推进环境民事公益诉讼是全面加强环境资源审判工作的突破口和着力点。② 这就需要实务中持续推进预防性环境民事公益诉讼开展，通过个案环境污染风险的有效应对和实际化解，实现法律效果和生态效果的有机统一。

在我国“规范出发型”民事诉讼模式下，实定法程序规则的完善是预防性环境民事公益诉讼包括一般的预防性环境民事公益诉讼科学开展和有效运行的前提和基础。在这一领域，既存在理论与规范的空白，又有实践经验的不足。在现有的环境民事公益诉讼模式下，通过对个案经验的分析和总结是推进预防性环境民事公益诉讼程序规则完善的应然选择和必经路径。2023年，我国首例预防性放射污染民事公

* 方强，安徽省人民检察院第六检察部检察官助理；李享，中国政法大学2024级诉讼法学博士研究生。

① 最高人民法院新闻局、人民法院新闻传媒总社:《中国环境资源审判背后的“绿色密码”》，载中国法院网。

② 江必新:《最高人民法院司法解释与指导性案例理解与适用（第三卷）》，人民法院出版社2015年版，第581—582页。

益诉讼案引发广泛关注。[①] 该案件系以事先积极避免损害结果发生提起预防性环境民事公益诉讼，这在全国尚无先例。基于此，本文将在对本案基本案情的梳理和总结具有典型性的检察、审判经验的基础上，以检察机关提起的民事公益诉讼为视角，结合我国预防性环境民事公益诉讼司法实务中存在的问题，提出程序规则上可能的改进路径，以期完善预防性环境民事公益诉讼甚至预防性环境民事公益诉讼制度。

一、基本案情

（一）案件经过

2020年8月，山东省生态环境和公安部门在全市进行放射性污染排查时发现了一套伽马刀设备，内含201枚Co-60 Ⅱ类放射源。该设备的辐射安全许可证为T医院办理。发现前述情况后，生态环境部门向T医院下达了责令违法改正决定书，指定具有相应资质的第三方机构代为处置该设备。但是由于该设备的实际使用主体与安全许可证办理主体不一致，不同主体之间法律关系极为复杂。现有的制度供给无法使生态环境部门的行政决定得到有效落实，该放射源始终未得到妥善处理。在久拖不决且存在巨大风险的情况下，生态环境部门将线索移交给检察机关。

为避免放射性污染损害的发生，在完成了法定的审前程序之后，济南市人民检察院向济南铁路运输中级法院提起环境污染民事公益诉讼。在审理过程中，法院充分发挥司法职能，积极介入诉讼流程的各个节点以保障诉讼进行的实效性和流畅性。被告在庭审中以损害没有现实发生为由提出抗辩，本案系检察机关以事先积极避免损害结果发

① 《一场看不见“对手”的战斗——全国首例预防性放射污染民事公益诉讼案背后》，载《人民法院报》2023年10月16日，第1版。

生提起的预防性环境民事公益诉讼，诉讼不是目的，最关键的还是尽快消除安全隐患。对此，法院对被告的抗辩未予采纳。由于对案涉设备处置的前提是具有相应的资质和能力的组织，但是关于放射性设备的归属问题，作为被告的三家医院权属关系复杂，且各执一词，设备处置陷入困境。为防止损害结果的发生，法院发出诉中临时禁止令，裁定未经法院准许禁止处置设备。此外，在二审过程中，山东省高级人民法院依法裁定准予先予执行，实现第三方处置与审判同步进行。[①]

（二）法院裁判

济南市铁路运输中级法院认为：T 医院系取得行政许可的放射源合法使用人，W 医院、J 医院系未取得合法使用资格但实际占有、控制、使用放射源的主体。作为专业医疗机构，三被告应当知晓放射源处置不当可能造成的严重损害，仍不依法履行处置责任，应承担危险消除责任。因三被告没有相应处置资格和处理能力，生态环境部门指定具备相应资质能力的第三方机构代为处理放射源，产生的处置费用系由三被告不履行处置义务转化而来，应由三被告共同承担，判决三家医院共同承担放射源处置费用。此后，山东省高级人民法院于 2023 年 6 月作出二审判决，三家医院连带承担放射源处置费用 290 万元，T 医院履行协助办理处置手续义务。其中，判决承担连带责任的理由主要在于三家医院任何一家不作为行为，都足以造成全部损害的发生，因此承担连带责任。最终，在法院、检察机关及相关行政主管部门的共同努力下，该放射源的拆除、转运、出口等工作于 2023 年 7 月顺利完成，放射源已由国外生产商安全接收并进行后续处置，环境污染隐患

---

① 参见最高人民法院发布 2023 年度环境资源审判典型案例：山东省济南市人民检察院诉某普医院等环境污染民事公益诉讼案。

得以彻底消除。[①] 该案的处理克服了在没有先例可以参照的情况下精准预防放射性污染的客观困境。因为该案在全国尚属首例，所以如何“做好案件‘后延’工作”尤为必要。

二、典型意义

（一）检察机关精准介入，弥补行政监管不足

本案中，在行政机关的先期处理程序已经无法有效防止放射性污染发生的情况下，行政机关主动将案件线索移送检察机关进而克服行政监管在放射性污染预防中的不足的做法是检察机关相机介入环境污染预防并实现法律效果与生态效果相统一的典范。详言之，检察机关提起公益诉讼的后顺位性，这是国家机关职能合理分工的要求，又是公益诉讼所蕴含的社会自治价值的应有之义。其中，前者表现为在行政机关能有效应对环境保护中面临的各种问题，并且切实实现环境污染的保护和预防的情形下，检察机关不可越俎代庖径行提起公益诉讼。后者表现为在法律规定的环保组织按照规定的程序要求提起公益诉讼时，检察机关不得再基于同一污染环境的行为提起公益诉讼。

概言之，在既有的规范体系下，只有其他公益诉讼适格主体没有提起公益诉讼或者没有能力提起公益诉讼的前提下，经过法定的公告程序，检察机关才得以成为提起公益诉讼的适格主体。根据最高人民法院的要求，为证明检察机关民事公益诉讼公告程序的合法性，在检察机关提起环境民事公益诉讼的情形中，其公益诉讼起诉书中应当写明人民检察院履行民事公益诉讼公告程序的情况。虽然具有后顺位性，但是这种介入具有必要性。原因在于行政权力的运行具有复杂性和程

---

① 参见《伽马刀设备引发的全国首例预防性放射污染民事公益诉讼案》（鲁法案例【2023】444号），载微信公众号“山东高法”，2023年8月16日。

序性，复杂的行政权运行过程很可能贻误国家利益、社会公共利益保护的最佳时机。在此情势下，作为国家法律监督机关的检察院从行政权力运行圈的外围介入，有助于打破行政僵局，有助于及时、有效维护国家利益与社会公益。① 在预防性公益诉讼领域，检察机关精准介入以弥补行政监管不足的必要性尤为凸显，原因在于既有的环境执法重事后规制而轻事前预防。② 在事前预防领域，无论是制度供给还是执法水平均存在不足与滞后性，通过行政监管切实预防环境污染的现实发生的期待往往落空。基于此，本案的典型意义和借鉴意义之一就在于，根据环境污染发生的危险性与盖然性，在行政机关难以有效防止这种危险发生的情况下，主动将案件线索和材料移送至检察机关，及时以司法介入弥补行政监管的不足。

（二）法院承认预防请求，防损害发生于未然

检察机关为实现避免放射性污染的现实发生而提起预防性公益诉讼，请求法院责令相关责任主体采取积极措施避免损害发生，但在诉讼中，被告以现实损害没有发生为由进行抗辩，请求法院驳回检察机关的诉讼请求。法院基于污染预防的现实需要和客观情况，认为“放射性污染看不见、摸不着，但一旦发生，会对人体造成不可逆的伤害，到时付出再多的经济代价、时间成本都无法补救”，因此承认了检察机关预防请求的适法性，有效避免了损害的现实发生，具有重要的现实意义。

环境侵害具有严重性、广泛性和长期性，而且有些环境侵害具有隐形性，在现实中很难找到具体侵害的表现。有的环境损害要经过几年甚至几十年才慢慢显现出来，但是这些损害一旦发生就具有不可逆

---

① 熊光清：《从辅助原则看个人、社会、国家与超国家之间的关系》，载《中国人民大学学报》2012 年第 5 期。

② 吴凯杰：《论预防性环境公益诉讼》，载《理论与改革》2017 年第 3 期。

转性，人类将付出很高代价。[①] 因此预防功能的实现相较于其他功能而言对于生态环境的保护更加具有实效性，并应当成为环境民事公益诉讼最主要的责任承担方式。[②] 在环境民事公益诉讼重救济而轻预防的背景下，本案基于预防原则，在被告的行为可能严重危及环境和生态安全，可能造成环境和生态难以恢复时，承认检察机关的预防请求的做法具有积极意义。

（三）职权启动保障措施，切实落实预防责任

本案中，涉案放射源违规闲置对环境公共安全造成了潜在危险，法院贯彻预防性司法理念，发出生态环境保护临时禁止令，禁止擅自处置，并裁定先予执行处置费用，保障了涉案放射源的后续处置。法院根据污染物扩散的现实危险性，依职权启动行为保全措施，禁止相关主体擅自处置污染源，进而保障诉讼的顺利进行和当事人权利的切实实现，有效避免了损害的现实发生，具有典型性。由于环境损害具有扩散性、难以预测性、不可逆转性，而环境民事公益诉讼涉及的科学知识和专业技术较多，往往旷日持久，如果在判决确定时才落实预防性责任，或许为时已晚。因此，在预防性环境民事公益诉讼中发挥行为保全制度的功能，将预防性请求的实现与行为保全制度充分结合，让行为保全制度成为预防性请求实现的程序机制保障，更有利于全面落实公益诉讼中的预防原则。

在一般的民事诉讼程序中，先予执行程序的启动以当事人的申请为限。然而，基于预防性放射性污染公益诉讼的特殊性，先予执行的启动程序与实施程序并不能完全套用一般的民事诉讼框架。原因在于一般民

---

① 最高人民法院环境资源审判庭编著:《〈最高人民法院关于环境民事公益诉讼司法解释〉理解与适用》，人民法院出版社2015年版，第128页。

② 万挺:《环境民事公益诉讼责任方式的适用要点》，载王利明主编:《判解研究》(2014年第3辑)，法律出版社2015年版，第107—108页。

事诉讼中的先予执行目的在于解决当事人临时面对的生产生活困难，而预防性放射性污染公益诉讼的目的在于保护社会不特定多数人的环境利益。因此，对于后者，法院应当更多发挥其职权性和主观能动性。本案中，在生态环境可能受到潜在危险的破坏，或者人民群众的生命健康可能受到严重威胁时，法院依法采取了先予执行措施，是对民事诉讼法先予执行制度的大胆探索创新和有益探索。[①] 这体现了公益诉讼的制度设计不能套用民事诉讼程序的框架，而是要“结合现有程序，创新民事诉讼制度”的要求。[②] 本案办案法官在现有民事诉讼制度框架的基础上，结合放射性污染防治的现实需求所采取的职权先予执行具有开创性和启发性，对之后类似案件的处理具有极大的参照意义。

（四）进行有益探索，提高环境保护实效

在预防性环境民事公益诉讼中，如何适用预防性责任一直是司法实践中面临的难点问题。[③] 这就需要法官在审理案件中进行有益探索。“该案对放射源实际使用人的认定也是一大亮点，从公平原则出发，结合具体案情认定实际使用人的范围，避免了机械司法，切合环境法‘损害担责’的法律要求，在理解和适用法律方面有很好的示范意义。”[④] 在这一处理过程中，法官并非机械适用法律，而是结合个人的智慧，对放射源的实际使用人进行了认定，以提早确定放射性污染预防的责任主体，实现了法律效果和社会效果的有机统一。

---

① 《一场看不见“对手”的战斗——全国首例预防性放射污染民事公益诉讼案背后》，载《人民法院报》2023 年 10 月 16 日，第 1 版。

② 全国人大常委会法制工作委员会民法室编：《中华人民共和国民事诉讼法解读（2012 年修订版）》，中国法制出版社 2012 年版，第 131 页。

③ 王慧：《论预防性环境民事公益诉讼永久禁止功能的实现》，载《政法论丛》2022 年第 1 期。

④ 《一场看不见“对手”的战斗——全国首例预防性放射污染民事公益诉讼案背后》，载《人民法院报》2023 年 10 月 16 日，第 1 版。

(五)主动总结个案经验,推动程序规则完善

本案的最后一个典型意义在于,在案件审结之后,各方主体积极主动总结个案处理经验,推动相关行政部门制定和完善放射性物质处置措施和污染环境防范办法,以为之后类似环境污染的预防与司法应对提供参考和借鉴。换言之,基于判决效力安排的一般理念与预防性环境民事公益诉讼的特质考量,应当尽可能扩大预防性环境民事公益诉讼的判决效力范围,并使其具有永久性。因此,在“先试点、后推广”的民事公益诉讼制度的建构模式下,为建立长效化、规范化、科学化的预防性民事公益诉讼程序制度,有必要赋予其具有代表性与典型性,且对后续其他案件处理具有参照意义的判决书和个案处理经验以超出本案的作用。

三、实践难点

预防性公益诉讼突破了传统侵权损害的救济理念,即“无损害即无救济”。在破坏生态和污染环境行为对损害社会公益利益具有“重大风险”的情形下,符合条件的机关和组织就可以提起预防性民事公益诉讼。本文讨论的案例就是如此,虽然放射源尚未造成实际损害,但如果对其不予处置或者处置不当将造成不可弥补的严重后果,相关责任主体应当及时消除危险,避免损害后果的发生。通过对全国首例放射性污染民事公益诉讼的案情梳理与典型意义的总结以及对其他相关预防性公益诉讼案件[①]的分析,主要存在以下四个

---

① “云南绿孔雀公益诉讼案”“中国生物多样性保护与绿色发展基金会与雅砻江流域水电开发有限公司环境民事公益诉讼案”“北京市朝阳区自然之友环境研究所与中国水电顾问集团新平开发有限公司环境污染责任纠纷案”“长白朝鲜族自治县人民检察院与长白朝鲜族自治县马鹿沟镇人民政府未依法履行饮用水水源地保护的法定职责案”等。

方面的问题亟待解决。

（一）预防性环境民事公益诉讼的起诉主体存在错位

这里主要谈论在预防性民事公益诉讼中检察机关与行政机关的角色定位和功能实现，我国环境民事公益诉讼中的司法权与行政权的关系问题一直有争议。在起诉顺位上，现行法律和司法解释未将穷尽行政执法手段规定为提起环境民事公益诉讼的前提条件。因此，对预防性环境民事公益诉讼需要注意行政权与检察权的行使边界和运行规律，厘清检察机关提起民事公益诉讼的主体顺位。

（二）预防请求之基础“重大风险”的内涵与证明责任不明

对“重大风险”的理解和把握直接关涉法院能否承认检察机关等起诉主体对预防性环境民事公益诉讼提起预防请求的适法性。2014 年修订《环境保护法》第 5 条规定，环境保护应坚持保护优先、预防为主、综合治理、公众参与、损害担责的原则。该预防原则即要求对生态环境可能造成危险或风险的行为进行预防，避免损害结果的发生。2015 年 1 月颁布（2020 年修正）的最高人民法院《关于审理环境民事公益诉讼案件适用法律若干问题的解释》（以下简称《环境民事公益诉讼解释》）第 1 条[①] 对环境民事公益诉讼的受案范围以损害和风险为界限划分为“已经损害社会公共利益”的污染环境、破坏生态的行为和“具有损害社会公共利益重大风险的污染环境、破坏生态的行为”，第

① 《环境民事公益诉讼解释》第 1 条：“法律规定的机关和有关组织依据民事诉讼法第五十五条、环境保护法第五十八条等法律的规定，对已经损害社会公共利益或者具有损害社会公共利益重大风险的污染环境、破坏生态的行为提起诉讼，符合民事诉讼法第一百一十九条第二项、第三项、第四项规定的，人民法院应予受理。”

18条[①] 还对已经损害社会公共利益或者具有损害社会公共利益重大风险的污染环境、破坏生态行为承担责任的具体方式进行明确规定。这标志着我国预防性环境民事公益诉讼制度的正式确立，即法律规则层面对损害社会公共利益的“重大风险”行为可以提起公益诉讼。

但是，法律规范层面对“重大风险”的认定标准和证明责任不甚清晰，一定程度上掣肘预防性公益诉讼在司法实践中的适用和发展。[②]目前，我国法律对“重大风险”的内涵与外延尚无明确规定。在尚未造成现实损害或者现实损害无法确定的情形下，如何判定被告人或者行为人的污染环境、破坏生态行为是否具有对社会公共利益造成损害的重大风险是司法实践中的难点和关键点。因此，有必要明确“重大风险”的概念内涵和改造证明责任的分配规则，以实现预防性环境民事公益诉讼的高质效发展。

（三）预防性环境民事公益诉讼的诉讼保障措施不足

由于预防性环境民事公益诉讼中注重措施的时效性，为检察机关、审判机关在行使检察权和审判权过程中配置相应的保障措施，可以有效缓解或者避免因环境司法的滞后性和被动性等弊端所带来的可能引起损害结果的发生。

第一，检察机关的办案措施问题。立法及法律规则层面上虽然赋予检察机关的调查核实权，例如，最高人民法院、最高人民检察院《关于检察公益诉讼案件适用法律若干问题的解释》第6条规定“人民检察院办理公益诉讼案件，可以向有关行政机关以及其他组织、公民

---

① 《环境民事公益诉讼解释》第18条：“对污染环境、破坏生态，已经损害社会公共利益或者具有损害社会公共利益重大风险的行为，原告可以请求被告承担停止侵害、排除妨碍、消除危险、修复生态环境、赔偿损失、赔礼道歉等民事责任。”

② 韩康宁、冷罗生：《论预防性环境民事公益诉讼中“重大风险”的司法认定》，载《中国人口·资源与环境》2023年第7期。

调查收集证据材料；有关行政机关以及其他组织、公民应当配合；需要采取证据保全措施的，依照民事诉讼法、行政诉讼法相关规定办理”，以解决调查取证难问题。但由于该权力并无强制性措施作为保障，而且《人民检察院公益诉讼办案规则》第35条第2款还规定“人民检察院开展调查和收集证据不得采取限制人身自由或者查封、扣押、冻结财产等强制性措施”，导致检察机关的调查核实权在实践中实施有一定难度。此外，检察机关在办理公益诉讼中，对破坏生态、污染环境的行为持续进行或者对社会公共利益造成损害的重大风险仍然存在，检察机关对此无相应制止或者消除措施。本文探讨的案例中，法院在受理案件之后，根据污染物扩散的现实危险性相应启动行为保全和先予执行措施。

第二，审判机关适用行为保全、先予执行措施问题。首先，关于行为保全问题。最高人民法院为回应环境司法实践中对行为保全措施的特殊需求，针对生态环境保护的自身特点，以《民事诉讼法》行为保全制度为依据，于2021年12月27日发布《关于生态环境侵权案件适用禁止令保全措施的若干规定》（法释〔2021〕22号），创设生态环境禁止令保全措施，以对生态环境起到预防性、及时性保护和对侵权行为的震慑作用。[①] 但根据该规定，法院只能依据本规定第2条明确的主体申请为启动程序，不能依职权启动禁止令保全措施。其次，关于先予执行制度问题。[②] 在环境公益诉讼中启动先予执行程序，实践中尚处于摸索阶段。最高人民法院《关于适用〈中华人民共和国民事诉讼法〉的解释》第170条对先予执行细化规定并列举了五种情形，其中包括“需要立即停止侵害、排除妨碍”“需要立即制止某项行为”。

① 《高擎公平正义，擦亮为民底色》，载《法治日报》2022年1月12日。

② 民事先予执行制度，是指为了及时、合理地维护受害方的利益，不基于生效判决就可以申请对义务人立即付诸执行的机制。

可见，除了追索金钱外，对于特定行为也可以申请先予执行。在环境民事公益诉讼中，根据《环境民事公益诉讼解释》第18条、第19条的规定，对预防性公益诉讼的诉讼请求主要是停止侵害、排除妨碍、消除危险。虽然法律没有明确规定环境民事公益诉讼可以适用先予执行，但从公益诉讼的诉求内容来看，先予执行措施契合预防性公益诉讼的内在要求。[①] 不过，需要注意的是，该制度也是以当事人申请为程序要件。因此，在法律规则层面，需要进一步明确预防性民事公益诉讼中对先予执行制度的适用。

（四）责任主体需要依法履职

就检察机关而言，虽然符合法定条件的机关和社会组织可以提起预防性环境民事公益诉讼，但其在预防环境风险上仍面临一些固有局限和缺陷，亟须检察机关依法履职，及时弥补普通民事公益诉讼制度的不足。

就审判机关而言，预防性环境民事公益诉讼的审理裁判以及与此相配套的规则付之阙如，同时环境污染的预防措施也可能因污染形态和范围的不同而有所差异。“重大风险”的司法认定并非一个单纯的客观科学判断问题，而是一个有主观思维参与的司法技术问题，[②] 是法官自由心证的结果。故，对“重大风险”的判定，需要法官结合案涉证据综合认定，不能过分依赖行政机关或者行政机构委托的鉴定机构的意见径行判定。

---

① 陈俊如、程建勇:《生态修复中先予执行的适用》，载《人民司法》2021年第2期。

② 韩康宁等:《论预防性环境民事公益诉讼中“重大风险”的司法认定》，载《中国·人口·资源与环境》2023年第7期。

四、完善路径

习近平总书记强调:“只有实行最严格的制度、最严密的法治，才能为生态文明建设提供可靠保障。”通过预防性公益诉讼，可以及时消除可能损害社会公共利益的重大风险，避免损害结果的发生。以下围绕预防性环境民事公益诉讼预防功能的实现，致力于解决上述提及的检察机关的起诉顺位、“重大风险”的法律内涵和证明责任以及诉讼保障措施供给等问题，以完善预防性环境民事公益诉讼的程序规则。

（一）厘清检察机关提起预防性环境民事公益诉讼的主体顺位

在社会治理和风险防控领域，行政机关发挥着至关重要和无可替代的作用，但现实中可能会存在行政监管失灵现象。在本文探讨的案例中，生态环境部门虽然已先期处理，向T医院下达了责令违法改正决定书，并且指定具有相应资质的第三方机构代为处置该设备，但由于多方面原因导致案涉放射源问题始终没有得到妥善解决。由此，这个案件也为行政机关在风险防控治理上提供了一条可供借鉴的思路，即在行政机关无法有效处置的情况下，可以主动将案件线索移送检察机关，由检察机关介入生态环境污染的预防，进而克服行政监管的不足。当然，对于行政权与检察权的运作有各自的规则和边界。在预防性环境民事公益诉讼中，行政权与司法权的关系可以表述为平等的环境风险合作规制关系。[①] 当行政行为不足以有效保护和应对公共利益和预防风险之时，才需要适用预防性公益诉讼来达到风险预防与救济公共利益损害的目标。[②] 从这个角度上来说，检察机关更多体现的是

---

① 金自宁:《科技不确定性与风险预防原则的制度化》，载《中外法学》2022年第2期。

② 杨治坤:《预防性公益诉讼预防功能的展开——基于典型预防性公益诉讼裁判文书的分析》，载《江汉论坛》2023年第12期。

一种补充角色，行政机关仍为主导和基础地位，以使检察机关在履行公益监督职权上保持一定程度的理性和被动性，遵循检察权的谦抑性原则。

在排除《民事诉讼法》第 58 条第 2 款规定的人民检察院有权提起公益诉讼后，第 1 款规定的“法律规定的机关”只能是行政机关，而不可能是立法机关、监察机关或者审判机关。如果把行政机关从法律规定的机关中排除出去，则“法律规定的机关”就会落空。2012 年修订《民事诉讼法》的立法起草者认为，“法律规定的机关”即“行政主管部门等有关机关作为公共利益的主要维护者和公共事务的管理者，作为诉讼主体较为合适，既可以促使其依法积极行政，也可以利用诉讼救济的方式弥补其行政手段的不足”，① 即限定为行政机关。但实践中，行政机关提起的民事公益诉讼寥寥无几，经笔者在中国裁判文书网等平台检索，也未能查到相关案例。而且立法机关在对《消费者权益保护法》和《环境保护法》修改时，也没有明确授权行政机关提起这两类民事公益诉讼。② 实际上，目前只有 2023 年修订的《海洋环境保护法》第 114 条明确规定了“行使海洋环境监督管理权的部门”可以代表国家对责任者提起诉讼，请求损害赔偿。

换言之，基于行政权在生态环境风险防控领域的优先性和专业性，原则上要明确行政机关的优先地位，在行政执法不能有效应对和预防环境污染发生时或者不提起公益诉讼的情况下，应当积极通过行政程序与司法程序的衔接以有效解决环境问题。因此，在损害公共利益的事件发生后，包括对公共利益造成重大风险的，如果行政机关或者其他监管单位不愿或不能充分保护公共利益时，由检察机关提起公益诉

---

① 李浩:《民事公益诉讼起诉主体的变迁》，载《江海学刊》2020 年第 1 期。

② 李浩:《民事公益诉讼起诉主体的变迁》，载《江海学刊》2020 年第 1 期。

讼，通过调查核实、检察建议、提起诉讼等措施保护公共利益，以实现检察权与行政权的良性互动。为此，未来的法律规则上可以表述为："行政机关通过行政执法不能有效预防环境污染的现实发生或者不提起民事公益诉讼的情况下，经行政机关负责人批准，应当将相关线索和材料移送检察机关，由检察机关依法办理。"

（二）明确与改造"重大风险"的法律内涵与证明责任分配规则

明确界定"重大风险"的法律内涵和科学设置证明责任的分配规则是适用预防性公益诉讼之前提和基础。首先，"重大风险"的法律概念应该是对某一行为会"发生损害的可能性和危害程度"的规范化界定。[①] 从文义解释来说，"重大风险"应包括"重大"和"风险"两个要素。"重大"可以理解为该行为将导致损害后果较为严重或者是无法恢复的局面，也就是损害结果的程度考量。"两高"于2023年修订《关于办理环境污染刑事案件适用法律若干问题的解释》第1条即列举了应当被认定为"严重污染环境"的十一种情形。该条文虽非着眼于损害的事前预防，但对损害后果的严重程度的判断具有参考价值。而"风险"可以理解为某一行为通过证据能够高度盖然性证明会导致上述严重损害结果的发生，也就是损害结果发生的概率考量。比如本文案例提到的伽马刀设备的放射源，如果不处置，任其搁置，大概率会发生泄漏，进而造成不可逆的严重后果，法官在本案中作出禁止令和先予执行在客观上降低了损害结果发生的可能性。概言之，只有同时符合"重大"和"风险"两项要求，才能被认定为"重大风险"。

其次，"重大风险"证明责任的分配规则。在解决什么是"重大

① 张旭东、郑烽：《预防性环境民事公益诉讼中环境重大风险认定研究》，载《中国地质大学学报（社会科学版）》2023年第2期。

风险”问题之后，接着需要解决的是“重大风险”的证明责任分配问题。“证明责任乃诉讼的脊梁”，在民事证据规则体系中居于基础性地位。关于如何分配“重大风险”的证明责任，主要有两种观点：一种观点主张，依据《民法典》关于环境污染和生态破坏侵权的举证责任倒置规则，[①] 将“重大风险”的证明责任归于行为人承担；另一种意见认为，预防性环境民事公益诉讼需要证明的是“不确定性”，而《民法典》特殊侵权的举证规则证明对象是“确定的损害”，两者存在实质差异，在证明责任规则上应当加以区隔。[②] 实际上两种观点都认为，对“重大风险”的证明责任不应归于原告。环境侵权领域的免责事由和因果关系举证责任之所以被归入“倒置”之列，主要源于环境侵权十分复杂的因果关系链条以及侵权行为人与受害人间存在的证据偏在现象。[③]

证明责任规则具有指导当事人收集提供证据，在待证事实真伪不明时为法院提供裁判依据的作用。[④] 鉴于此，笔者认为，对于环境资源问题中“重大风险”，属于“不确定”的证明对象，应有别于“确定”的损害后果，较其难度更大，其举证责任分配应采用举证责任倒置规则，由侵权行为人承担，以减轻原告的举证责任。例如，云南省高级人民法院在审理北京市朝阳区自然之友环境研究所与中国水电顾问集团新平开发有限公司等人环境污染责任纠纷一案中认为，“预防

---

① 《民法典》第1230条：“因污染环境、破坏生态发生纠纷，行为人应当就法律规定的不承担责任或者减轻责任的情形及其行为与损害之间不存在因果关系承担举证责任。”

② 张旭东：《预防性环境民事公益诉讼程序规则思考》，载《法律科学（西北政法大学学报）》2017年第4期。

③ 杨治坤：《预防性公益诉讼预防功能的展开——基于典型预防性公益诉讼裁判文书的分析》，载《江汉论坛》2023年第12期。

④ 江伟、肖建国主编：《民事诉讼法学》，中国人民大学出版社2015年版，第204页。

性公益诉讼的核心要素是具有重大风险，重大风险是指对环境可能造成重大损害危险的一系列行为。……新平公司（被告）并未就风险不存在加以有效证实，而仅以《环境影响报告书》予以反驳，缺乏足够证明力，认定戛洒江一级水电站淹没区对绿孔雀栖息地存在重大风险的评判恰当”。[①] 法院在“重大风险”的实体法规则缺失的情况下，对其适用举证责任倒置的处理方式比较契合环境风险的特性，值得借鉴。

此外，从诉的分类来看，预防性环境民事公益诉讼属于将来给付之诉。只有在“有预先请求之必要”和“有不履行之虑”的情况下才允许提起将来给付之诉。因此，在满足司法解释规定的可以提起预防性诉讼的情况下，人民法院应当承认预防性请求的合法性。为此，未来的法律规则可以表述为：“人民法院受理对具有损害社会公共利益重大风险的污染环境、破坏生态的行为提起诉讼的，被告仅以没有损害现实发生为由进行抗辩，或者对重大风险的不存在未提供证据证明的，人民法院应当认定‘重大风险’存在，判决行为人承担相应的预防性责任。”

（三）创新与完善预防性环境民事公益诉讼保障措施的运用

对检察机关而言，首先，需要完善调查核实权的保障措施。检察机关在履行职责过程中，为了查清案情，需要调查收集相关证据，以判断是否符合提起民事公益诉讼的实体要件。为了强化检察机关的法律监督属性，理应赋予检察机关更为有效的证据调查权，并通过相应的程序保障，赋予其强制性。[②] 比如，对被调查对象可能存在隐匿、损毁、转移证据的情况下，检察机关可以对相关证据采取查封等临时

---

① 云南省高级人民法院（2020）云民终824号民事判决书。

② 刘哲玮：《民事公益诉讼的功能分类和程序分野》，载《苏州大学学报（哲学社会科学版）》2024年第3期。

保全措施，或对被调查对象或相关行为人出具禁令，禁止其从事隐匿、损毁、转移等证据的行为。其次，赋予检察机关在紧急情况下的预防性措施。对于遇到紧迫性的破坏生态、污染环境行为等具有持续性、扩大性的危害或者对公益造成损害的重大风险，赋予检察机关发出禁止令的权力，责令侵权行为人立即停止侵害公益的行为，或者采取查封、扣押等措施及时防止公益继续受损或者损害的发生，而无须像普通诉讼主体那样向法院提出申请，由法院审查判断后再采取相应的强制措施。[①] 对此，未来的法律规则可以表述为："检察机关在办理公益诉讼过程中，因履行检察职责需要，可以采取查封等临时保全措施或者向行为人发出临时禁止令，及时防止社会公共利益损害发生或者继续受损。"

对审判机关而言，需要强化诉讼保障措施的运用。在预防性环境民事公益诉讼的审理中，法院应当采取诉讼保障措施，以防止诉讼目的最终难以实现。2017年4月1日，最高人民法院《关于审理环境公益诉讼案件的工作规范（试行）》第2条指出，坚持注重预防的原则，依法及时采取行为保全、先予执行等措施，预防环境损害的发生和扩大。预防性环境责任方式根据发生阶段的不同划分，起诉前包括禁止令、行为保全等责任方式，而诉中包括停止侵害、排除妨碍与消除危险等责任方式。[②] 对于"重大风险"的公益诉讼中，应当根据个案具体情况和面临的现实而紧迫的重大风险，积极采取行为保全、先予执行等措施，避免发生不可逆性的损害后果，若在诉讼终结后再执行，生态和环境资源将可能造成无可挽回的损失，执行也将失去意义或者无法执行。对此，未来的法律规则可以表述为："在预防性环境民事公

① 汤维建：《检察机关提起公益诉讼的制度优化》，载《人民检察》2018年第6期。

② 杨治坤：《预防性公益诉讼预防功能的展开——基于典型预防性公益诉讼裁判文书的分析》，载《江汉论坛》2023年第12期。

益诉讼的审理过程中，终审判决作出之前，人民法院可以依职权采取行为保全、先予执行等措施，通过对污染源的实际处置以防止生态环境污染的现实发生。”

结　语

预防性环境民事公益诉讼的出现给传统的民事诉讼理论阐释和规范构建提出了新的挑战。首例预防性放射污染民事公益诉讼案的审理和裁判形成了对该领域的有益探索，对于日后我国预防性民事公益诉讼，特别是民事公益诉讼的完善具有先导意义和启发意义，具有典型性。因此，有必要对其典型意义进行分析梳理，并在此基础上以及结合司法实务中存在的问题，对后续规则的完善进行展望。正如本文探讨的案例报道中所说的那样：“在预防性环境民事公益诉讼领域，只有通过个案的处理进行不懈探索，才能不断坚定‘迎接未知困难的决心’。”

食药领域之外伪劣产品公共利益保护探讨
——以构成伪劣产品罪提起刑事附带民事公益诉讼为视角

陈明南 杨陈璐 *

检察公益诉讼制度是实践证明行之有效的公益保护“中国方案”。近年来，公益诉讼立法扎实推进，党的二十大报告明确要求“加强检察机关法律监督工作”“完善公益诉讼制度”。然而随着司法实践的不断深入，相关法律规范供给不足逐步显现，加之“列举+概括”的技术局限性，导致受案范围缺乏明确法律规制，引发实践窘境。尤其是，食药领域之外伪劣产品侵害公共利益高发多发，无法满足社会公众对公共利益保护的需求。鉴于检察机关作为公共利益代表的职责定位，拟从法理基础、价值定位、现实需求三个维度，论证刑事附带民事公益诉讼由食药领域向食药领域之外伪劣产品做“等”外探索的应然性，并就适格主体、适格被告、诉讼请求、证明标准、裁决及监督提出路径完善，以期回应检察守护公共利益的时代之问。

一、基本案情及争议

金华市婺城区人民检察院在办理姜某某、李某某、杨某等人制作、销售伪劣消防器材刑事案件中，对是否涉及侵害公共利益存在争议。案情主要是：

2022年5月至2023年5月，李某某、杨某合伙经营昆山安心（化名）消防器材有限公司，为牟取非法利益，从山东一全（化名）消防

---

* 陈明南，浙江省金华市婺城区人民检察院党组成员、副检察长；杨陈璐，浙江省金华市婺城区人民检察院检察官助理。

器材有限公司等低价购买不符合国家标准的伪劣干粉灭火器，通过其控制的网店以及供货给吴某某、郭某某运营的网店予以销售。李某某、杨某通过其合伙公司销售伪劣干粉灭火器所获金额至少 3080 万元。

区公安机关对涉案扣押、查获的灭火器、干粉进行抽样检测，结果均为不合格产品，无法发挥灭火性能，存在重大消防安全隐患。婺城区检察院对上述人员均以生产、销售伪劣产品罪依法提起公诉。

针对上述生产、销售伪劣产品行为是否损害公共利益，可否提起刑事附带民事公益诉讼（以下简称刑附民公益诉讼），立法不明晰，实践有争议。

反对者主张：第一，法律规定不明。目前相关法律及司法解释规定，检察机关可提起刑附民公益诉讼的案件范围仅限于四个领域。生产、销售伪劣消防器材未列入诉讼范围。第二，公益认定不足。生产、销售的伪劣消防器材的侵害对象相对特定，即为购买该产品的消费者，损害后果难以界定为侵害公共利益。第三，诉讼实操不强。伪劣消防器材涉及网上销售，涉案对象多、辐射范围广，在证明公共利益损害、确定适格被告、明确诉讼请求等方面存在困难。

赞成者则认为：第一，契合立法目的。检察公益诉讼制度确立以来，案件范围从四大领域拓展到 14 个领域，呈现“4+11+N”的开放态势，将生产、销售食药领域之外伪劣产品作为刑附民公益诉讼“等”外探索，符合公益诉讼立法初衷。第二，损害公共利益。灭火器是火灾发生后用于初期灭火的重要工具。伪劣消防器材因功能缺失存在潜在危险，面向不特定的多数主体销售，侵害包括消费者权益、公共安全等在内的社会公共利益。第三，具有诉讼实操性。检察机关作为诉权主体，生产者、销售者均为适格被告，应当提出包括赔礼道歉、召回、损害赔偿等诉讼请求，以期回应社会公众对伪劣产品的高度关注。

二、食药领域之外伪劣产品侵害公共利益等法益辨析

（一）食药领域之外伪劣产品的概念厘清

食药领域之外伪劣产品是指除了食品和药品领域，存在以掺杂、掺假，以假充真，以次充好，以不合格产品冒充合格产品四种行为，使得产品质量不符合国家、行业或产品明示质量标准规定的要求，降低、失去、冒充应有的使用性能，存在危及人身、财产安全的不合理危险，在市场上自由流通用于销售的商品。

根据不同的标准，可以将食药领域之外的伪劣产品划分为不同类别。从购买主体看，可以区分为自然人、社会组织。美国《布莱克法律词典》将消费者定义为“购买、使用、保存和处分商品和服务的个人或最终产品的使用者”；国际标准化组织消费者政策委员会对消费者的定义是“为个人目的购买或使用商品和服务的个体成员”，均强调消费者的自然人属性。从购买目的看，可以区分为生活目的的个人消费，以及生产经营目的的商业购买。我国《消费者权益保护法》规定：“消费者为生活消费需要购买、使用商品或者接受服务，其权益受本法保护”，强调消费者的非商业属性。从公共安全受损与否看，可以区分为危及公共安全和不危及公共安全。部分伪劣产品具有危及不特定公众的不合理危险，如燃气产品存在质量瑕疵可能引发大范围火灾，危害公共安全。部分产品存在使用性能上的瑕疵，其危害对象仅限于消费者本人，不具有危及公共范围的安全隐患，如服装鞋帽、首饰等存在质量瑕疵，一般不会危及公共安全。

本文之研究对象系以自然人为购买主体，以生活需要为购买目的，危害公共安全的食药领域之外的伪劣产品。对于非自然人、不以生活需要购买、未危害公共安全的伪劣产品不在本文讨论范围之内。

（二）公共利益的内涵界定

检察院提起公益诉讼，其前提是国家利益和社会公共利益受到损害。当前，我国立法尚未对公共利益作出明确解释，学界对公共利益能否具体描述仍存争议。精准界定“公共利益”是对其进行法律救济的前提，亦是检察公益诉讼制度发展完善的基础。

1.“公共”词义解释

学界对“公共”的解释众说纷纭。其中三种观点较为权威：一是地域基础理论，以地区为划分，将相关空间内人数的大多数视为公共。① 二是人数标准理论，认为公益是不确定多数人的利益，将不特定的多数受益人视为公共，② 拥趸者最众。三是目的价值理论，以对国家社会有重大意义的目的作为界定公益概念的要素，③ 实现判断标准从受益者的“量”转向目的价值的“质”的转变。近年来有学者主张从“公共”的反面进行定义，将具有隔离性、少数者的“某圈子之人”作为公共的相对概念。④

由此，公共应当具有两个特征：第一，具有不特定性，受益人能够自由流动人数不固定。第二，具有多数性，公共利益的主体具有开放性，满足数量大多数的要求。

2.“利益”词义解释

国内外学者对“利益”内涵进行了深刻研究。德国学者耶利内克认为，基于价值判断形成的利益，既包括物质上的，也包括诸如文化、风

---

① ［德］洛厚德:《公共利益与行政法的公共诉讼》，1884，S 322ff; Dazu，E. Kruger，aaO.SS.11ff.

② ［德］诺依曼:《在共私法中关于税捐制度、公益征收之公益的区别》，1886，S. 357; E. Kruger，S.13.

③ 陈新民:《德国公法学基础理论》（增订新版·上卷），法律出版社 2010 年版。

④ 胡锦光、王锴:《论我国宪法中“公共利益”的界定》，载《中国法学》2005 年第 1 期。

俗等形而上的。[①] 美国法学家庞德将利益视为个人通过联合、团体等寻求自我满足的需求，在此基础上将利益分为公共利益、社会利益和个人利益。[②] 我国学者沈宗灵借鉴庞德“法价值准则”评价标准，[③] 将不同时期利益划分为政治利益、物质利益、精神利益三类。[④]

从法律维度而言，利益应当被解释为主体对客体作价值评判后得到的积极结果。其具有以下特性：一是判断主体的多元性，不局限于地区、民族等社会团体。二是客体内容的丰富性，既包括物质层面，也包括形而上层面，同时利益内容与时俱进，不断发展变化。

3. “公共利益”内涵及特点

通过对“公共”和“利益”的分析，可以进一步得出，“公共利益”是对不特定多数人物质和精神需要的满足，这种需要随着社会发展和社会价值取向的转变而发展。在法律语境中，可以从以下几个方面把握：

其一，主体的非特定性。公共利益的受益主体是不特定多数人，因其人员具有流动性、开放性，是一种难以特定化的多数人利益。如随着电子商务兴起，伪劣产品的销售已突破地域限制，任何购买伪劣产品的消费者以及潜在购买对象均有可能成为利益被侵害主体。其二，内容的发展性。公共利益是有关国家和社会共同体及其成员生存、享受和发展的基本利益，如公共安全、自然资源与生态环境以及公民的生命健康、自由权益等。需要注意的是，公共利益的内容不是一成不变的，而是与时俱进的，随着社会价值取向不断发展变化。其三，受

---

① 陈新民：《德国公法学基础理论》（增订新版·上卷），法律出版社2010年版。

② 博登海默：《法理学：法律哲学与法律方法》，邓正来译，中国政法大学出版社1988年版，第147页。

③ 庞德：《通过法律的社会控制——法律的任务》，沈宗灵译，商务印书馆1984年版，第55页。

④ 沈宗灵：《法·正义·利益》，载《中外法学》1933年第5期。

益的相容性。各主体对公共利益的享有不限制或剥夺他人享有公共利益，其受益不具有竞争性。[①] 另外，不同于私人利益的可划分性，公共利益的享有和损失承担只能共享不能分割。

（三）生产、销售食药领域之外伪劣产品侵害法益

1. 生产、销售食药领域之外伪劣产品侵害的公共利益

生产、销售食药领域之外的伪劣产品，侵害了包括消费者权益、公共安全、公共秩序等在内的一系列社会公共利益。主要体现在：

（1）侵害众多不特定消费者权益。伪劣产品在市场流通具有“商品属性”，经营者明知其生产、销售的伪劣产品存在使用性能上的瑕疵[②]，以及危及人身、财产安全的不合理危险，仍通过以次充好、以假充真等方式促成交易达成，侵犯了消费者的安全保障权、知悉真情权等权益。同时这种交易并非只针对某一特定群体，而是面向所有“有可能购买该产品”的不特定消费群体，加之网络销售的普及，在数量上具有多数性，在范围上具有不确定性。如杭州市余杭区检察院认为，在疫情期间将普通防尘口罩宣称具有病毒防护功能进行销售，不仅误导、欺骗消费者，更足以危及消费者人身健康安全，构成对众多消费者的侵权。[③]

（2）侵害公共安全、公共管理秩序等。一是侵害公共安全。食药领域之外的伪劣产品多发，部分品类如服装鞋帽、首饰等一般不危害公共安全，而部分品类如电子电器、交通工具等，还具有“公共产品”属性，存在危及公共范围的安全隐患。如伪劣消防器材流入市场，不

① 黄文艺、范振国：《公共利益内涵的法哲学界定》，载《南京社会科学》2010年第9期。

② 使用性能上的瑕疵指根本不具备使用性能、使用性能明显降低或者冒充应有的使用性能。

③ 详见杭州市余杭区人民检察院诉蔡晨某、姚某侵权责任纠纷（互联网民事公益诉讼）一案。

但不具备灭火功能，反而存在粉尘爆炸隐患，当因无法灭火导致火灾蔓延或引起粉尘爆炸，身处该时空的不特定对象均处于人身或财产遭受损害的危险状况。二是侵害市场秩序。将伪劣产品以次充好、以假当真销售，将影响整个行业市场行情，扰乱产品质量监督管理秩序，破坏公正诚信的经营秩序和安全放心的消费环境。三是侵害社会整体利益。如上述伪劣口罩案中，法院认为，对于经营者造成的消费类小额分散性侵害，因被侵害数额很小，特定受害者基于成本与收益的考虑，缺乏提起私益诉讼的动力，造成经营者的民事侵权责任落空，长此以往经营者违法成本外部化，并转嫁给全社会承担。[①]

2. 生产、销售食药领域与食药领域之外的伪劣产品侵害公共利益之辨析

（1）生产、销售食药领域伪劣产品侵害的公共利益。从法律解释及司法实践看，生产、销售食药领域伪劣产品侵害的公共利益体现在以下两方面：

第一，侵害众多不特定消费者权益。“两高”联合农业农村部、市场监督管理总局等多部门联合印发的《探索建立食品安全民事公益诉讼惩罚性赔偿制度座谈会会议纪要》中，将食药领域损害公共利益的标准认定为侵害众多不特定消费者合法权益，既包括已经发生的损害，也包括有重大损害的风险。司法实践中，法院将生产、销售不符合食品安全标准的产品，对众多不特定消费者健康带来损害风险认定为侵害公共利益。如江苏盐城中院援引最高法《关于审理消费民事公益诉讼案件适用法律若干问题的解释》，认为“损害公共利益”是提起公益诉讼的必要条件，而消费领域的公共利益一般为人数众多且不特定

① 详见杭州市余杭区人民检察院诉蔡晨某、姚某侵权责任纠纷（互联网民事公益诉讼）一案。

的消费者利益。[①]

第二，侵害市场管理秩序和食品公共安全等。生产、销售不符合标准的食品药品，往往涉案链条长、受众辐射广、社会影响大，侵害正常市场经营管理秩序，给食药公共安全带来极大风险。如上海三中院认为，通过网络渠道销售不符合安全标准的食品，侵害不特定消费者的身体健康、国家对网络购物及食品安全的管理秩序，给公共利益造成危险。[②] 在另一起案件中，法院认为，未对生产经营场所、操作人员等卫生消毒，生产、销售不符合安全标准的食品，给食品公共安全造成严重隐患，损害社会公共利益。[③] 可见司法实践中，将经营管理秩序和食品安全纳入食药领域的公共利益范畴。

（2）食药领域之外伪劣产品与食药领域伪劣产品侵害公共利益之辨析。生产、销售食药领域之外伪劣产品与食药领域伪劣产品侵害的公共利益具有相似性。

第一，从侵害法益看，食药领域之外与食药领域伪劣产品的生产销售，均侵害了公共利益，且均体现在涉及众多不特定消费者权益、公共安全、公共秩序上，具有内容的相似性。

第二，从危害后果看，食药领域之外与食药领域伪劣产品辐射受众广、危害程度高，但囿于维权成本考虑，消费者大多不愿、不敢、不便提起私益诉讼维护权益。通过提起公益诉讼，能够达到弥补损失、惩罚和遏制违法行为、警示防范潜在违法者等多重功能，实现保护“公共利益”的目的。

从上述分析可知，食药领域之外伪劣产品与食药领域伪劣产品侵害的公共利益具有行为与后果的相当性，应将其纳入检察机关提起民

① 详见（2020）苏09民初118号判决书。
② 详见（2018）沪03民初26号判决书。
③ 详见（2021）沪03民初806号判决书。

事公益诉讼的法定范围。

3. 生产、销售食药领域之外伪劣产品侵犯的刑法法益与公共利益辨析

（1）生产、销售食药领域之外伪劣产品侵犯的刑法法益

生产、销售伪劣产品罪所要保护的社会主义市场经济秩序是由生产者、销售者、消费者之间的经济行为、经济关系组成，其侵犯的客体是复杂客体，[①] 主要包括：

第一，侵害社会主义市场经济秩序。刑法规定生产、销售伪劣产品罪的目的首先在于保护社会主义市场经济秩序，具体表现为产品质量管理秩序。[②] 一是破坏市场竞争规则与秩序。社会主义市场竞争包含质量、服务、信用等客体在内，销售伪劣产品侵害了产品的质量、行业的信誉，无疑破坏了正常的市场竞争秩序。二是诱发市场“劣币驱逐良币”畸形发展。“有利益的地方必有犯人”，经典法律格言言犹在耳。部分经营者为了实现利润最大化，偷工减料从而价格低廉，部分经营者合规守法，却因各环节均符合标准售价相对较高，出于信息不对称，消费者往往会选择价格更低的产品，市场反而被伪劣产品经营者占领，出现“劣币驱逐良币”的劣胜优汰现象。三是危及行业生存发展。假冒伪劣产品的存在破坏了整个行业的诚信形象，当消费者多次购买到伪劣产品，极易对整个行业产生不信任感，威胁整个行业的生存发展。

第二，侵害消费者合法权益。消费者购买产品的初衷在于获取产品的使用价值，当购买的产品存在质量瑕疵和功能缺陷，消费者的知情权、安全保障权等得不到保障。其一，侵害消费者的财产安全。缺

---

① 张军主编：《刑法（分则）及配套规定新释新解》，人民法院出版社2011年版，第255页。

② 张明楷：《刑法第140条“销售金额”的展开》，载《清华法律评论》1999年第2期。

陷瑕疵产品不具有或明显降低其应有的使用性能，消费者购买产品的核心目的得不到保证，其在购买商品时应享有的质量保障、价格合理等公平交易的权利受到侵害；同时，经营者明知其生产、销售的产品系伪劣产品，仍隐瞒真相以次充好，侵犯了消费者的知情权。其二，侵害消费者的人身安全。部分伪劣产品不符合质量标准，造成消费者健康、心灵的多重打击。如伪劣化妆品会引发皮炎、过敏等皮肤毒性反应，长此以往造成消费者极大的精神压力，更有伪劣化妆品含有致癌物质，对消费者健康造成不可挽回的伤害。又如假冒刹车片，可能导致在紧急情况下无法刹车或制动距离延长，极大地增加了行车风险进而引发事故，侵害消费者的人身安全。

（2）生产、销售食药领域之外伪劣产品侵犯的刑法法益与公共利益辨析

如前文所述，食药领域之外伪劣产品侵害的公共利益主要涵盖众多不特定消费者权益以及公共安全、公共秩序等。生产、销售食药领域之外伪劣产品侵犯的刑法法益与公共利益，两者既有关联，又不完全等同。

从法律依据看，生产、销售伪劣产品进行定罪处罚主要依据《刑法》及“两高”《关于办理生产、销售伪劣商品刑事案件具体应用法律若干问题的解释》等刑事法律规范。对生产、销售伪劣产品侵害公共利益进行规制则主要依据《民事诉讼法》、《安全生产法》、“两高”《关于检察公益诉讼案件适用法律若干问题的解释》[①]（以下简称《公益诉

① “两高”《关于检察公益诉讼案件适用法律若干问题的解释》第20条第1款规定：人民检察院对破坏生态环境和资源保护，食品药品安全领域侵害众多消费者合法权益，侵害英雄烈士等的姓名、肖像、名誉、荣誉等损害社会公共利益的犯罪行为提起刑事公诉时，可以向人民法院一并提起附带民事公益诉讼，由人民法院同一审判组织审理。

讼解释》）、最高检《人民检察院公益诉讼办案规则》[①]（以下简称《公益诉讼办案规则》）等法律规范当中。

从表现形式看，生产、销售食药领域之外伪劣产品在刑法上侵害的法益包括社会主义市场经济秩序和消费者合法权益，具有刑法规制的严肃性与稳定性；侵害的公共利益主要涉及消费者权益以及公共安全、公共秩序等，公共利益的外延具有动态发展性，随着时代发展而不断更新。可以看出，就生产、销售伪劣产品这一行为在刑法上规制保护的法益与公共利益存在消费者权益保护、市场经济秩序等部分的重合，但两者范围不完全相同。

从责任承担看，生产、销售食药领域之外伪劣产品若构成刑事犯罪，需要面临有期徒刑、拘役、罚金、没收财产等刑事处罚。生产、销售食药领域之外伪劣产品侵害公共利益更多的是需要承担民事责任，如产品召回、赔偿金、赔礼道歉等。

因此，对生产、销售食药领域之外伪劣产品的犯罪行为并不能当然提起刑附民公益诉讼，应当有其边界，即侵害公共利益。

三、食药领域之外伪劣产品公共利益保护的应然性

（一）法理基础

1.“等”外探索的拓展

《民事诉讼法》《公益诉讼解释》《公益诉讼办案规则》，以“列举事项+等+概括用语”的例示性规范规定检察机关提起刑附民公益诉

---

① 最高检《人民检察院公益诉讼办案规则》第97条规定：人民检察院在刑事案件提起公诉时，对破坏生态环境和资源保护，食品药品安全领域侵害众多消费者合法权益，侵犯未成年人合法权益，侵害英雄烈士等的姓名、肖像、名誉、荣誉等损害社会公共利益的违法行为，可以向人民法院提起刑事附带民事公益诉讼。

讼的受案范围。条款中的“等”是“等外等”还是“等内等”当前在学术界尚存不同理解。

法律相较于社会发展及价值观念而言具有静态性和滞后性，需运用法律解释解决法律实施中遇到的新情况新问题。诚如最高人民检察院检察长应勇提出的“善于从具体法律条文中深刻领悟法治精神”，要立足时代背景对法律条文作出符合社会主义法治精神的解释，这对公益诉讼受案范围作“等”外探索具有方法论的意义。

实践中，同类解释规则是体系解释的一种具体规则，即若法律上列举了具体的人或物，将其归属于“一般性的类别”，那么这个一般性的类别，就应当与具体列举的人或物属于同一类型，[①] 强调将解释对象置于整个法律体系中进行情境化理解。根据同类解释规则，“破坏生态环境和资源保护、食药领域等侵害众多消费者合法权益”系列举事项，归属于“损害社会公共利益”这一概括性用语，属于同一类型。食药领域之外伪劣产品与列举的食药领域伪劣产品具有同质性，均系概括性用语“损害社会公共利益”的下位概念，将条文的“等”外探索扩展到食药领域之外伪劣产品具有应然性。

2. 公益外延的拓展

公共利益的内涵不是一成不变的、封闭式的，而是动态发展的、开放式的。新时代下，人民对公平、民主、法治、安全等有更高的需求，公共利益的内涵也应与时俱进，体现“因时变法，代有革新”的制度逻辑。[②] 如大数据时代，儿童信息、生物信息等敏感个人信息与

---

① 王利明:《法律解释学导论：以民法为视角》，法律出版社 2009 年版，第 262 页。

② 《传承中华优秀传统法律文化 | 检察公益诉讼制度蕴含丰富传统法律文化基因》，载最高人民检察院网，https：//www.spp.gov.cn/llyj/202401/t20240130_641856.shtml，最后访问日期：2024 年 7 月 23 日。

国家安全、民族利益密切相关，具有特殊的公共利益价值，[①] 随着数字经济发展将其纳入公共利益范畴之中。

从检察公益诉讼制度确立以来，公共利益外延逐渐依法扩张。公益诉讼法定办案领域从最初的生态环境和资源保护、食品药品安全等4个法定领域，逐步拓展到包括安全生产、个人信息保护等11个领域，且正在向网络暴力治理等新领域拓展，呈现“4+11+N”的开放态势。

3. 监督职能的拓展

基于公共利益的扩张性、非封闭性，检察机关履行公共利益守护的职能也应随之拓展，为推进国家治理体系和治理能力现代化贡献更多检察力量。

从政治层面看，检察制度的与时俱进是检察工作现代化服务中国式现代化的题中应有之义。检察机关的监督范围是开放系统，党和国家根据形势、任务的需要，既可以通过法律不断地往系统里“加料”，也不排除必要时从系统里“减料”。[②] 作为保护公共利益的重要力量，检察机关应发挥更大作用，以检察现代化服务保障中国式现代化，不断推进国家治理体系和治理能力现代化。

从国内实践看，依法拓展监督范围符合检察机关的职责定位和法治发展规律。我国检察机关作为“国家的法律监督机关”“公共利益代表”，活动范围不仅仅局限在刑事诉讼领域，而应广泛地参与到涉及公益的诉讼当中去，其职能由刑事公诉向依法全面维护公益方面扩展。[③] 公益诉讼职能具有典型的“法律监督”性质，对该职能进行拓展符合检察机关“公共利益代表”的职责定位和“满足人民对美好生

---

① 高志宏：《个人信息保护的公共利益考量》，载《东方法学》2022年第3期。

② 《新中国检察制度的变与不变》，载最高人民检察院网，https：//www.spp.gov.cn/zdgz/202201/t20220118_541870.shtml。最后访问日期：2024年7月14日。

③ 贾宇：《新时代检察理念研究》，中国检察出版社2021年版，第336页。

活需要”的法治发展规律。

从国外立法看，两大法系国家均进行了以扩大职权范围、丰富职能内容为趋势的扩权改革。法国的检察机关被誉为“公共利益的最后屏障”。法国《民事诉讼法法典》规定，当存在未成年人监护安排、法人财产清算等侵害公共秩序情形，检察官可参与诉讼。德国设立“公共利益代表人制度”。检察官参与涉及公共利益的案件范围从申请禁治产、雇佣劳动等扩张到包含消费者权益保护、环境污染等领域。美国确立“检察总长”理论，从联邦检察总长可对政府的违法行为提起诉讼维护公共利益，[①] 到检察官有权就损害公共利益的行为启动复查复审、提起公益诉讼，职权范围逐步扩张。

（二）价值定位

通过法律的正确实施，司法活动应当实现公正、效率、和谐等理性追求，以达到司法价值最大化。

1. 彰显公正价值。公正是法律的本质要求和司法活动的终极追求。将检察公益诉讼受案范围拓展到食药领域之外伪劣产品，一方面，有效衔接刑事责任与民事救济，达到惩治犯罪、修复受损公共利益等多重功能。另一方面，刑事案件和民事公益案件由同一诉讼主体提起、同一审判组织审理，保证认定事实的同一性，力促实体公正。

2. 彰显效率价值。效率是社会发展对司法效能的必然要求，有效杜绝“迟来的正义”。在追究刑事责任的同时一并提起民事公益诉讼，减少单独提起刑事诉讼和民事公益诉讼的程序重复，两种性质不同的诉讼请求得以在同一诉讼程序中同步进行、同时解决，有效提升司法效率。

3. 彰显恢复性价值。恢复性司法理念具有修复受损的社会关系和

① 陈兴生、武艳:《域外检察职能的类型学分析》，载《法治现代化研究》2024 年第 1 期。

公共利益功能，蕴含促推社会和谐的司法价值。提起刑附民公益诉讼可以依托民事责任承担的多元方式，消弭冲突、修复受损公共利益，助推社会效果与法律效果相统一，实现“保护公共利益”的公益诉讼立法目的。

（三）现实需求

当前，我国已然步入社会需求多元化的时代，公共利益呈现多元化、广泛性的特征。与此同时，伪劣产品每年在高位运行，侵害公共利益，如图1所示：家用电子电器、日用商品、服装鞋帽、食品和交通工具投诉居于前列，其中四项为非食药领域，值得引起关注。

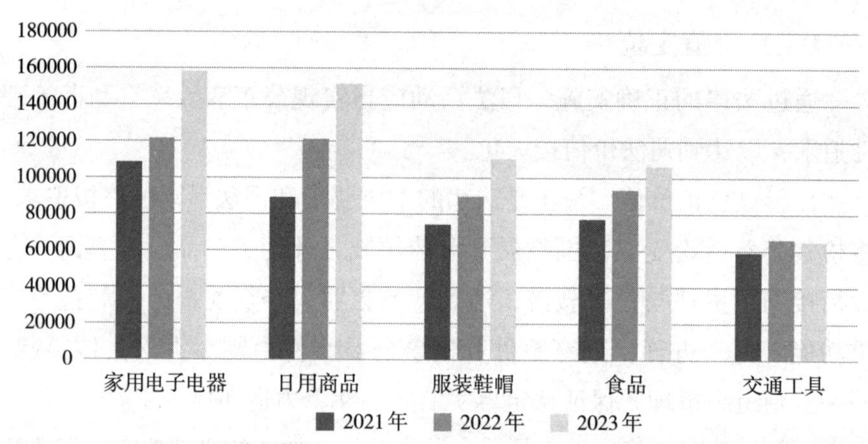

图1 2021—2023年全国消协受理的消费者商品大类投诉图（单位：件）

从上述图表分析看出，近年来食药领域之外伪劣产品呈现以下特点：

1.高位运行态势。近年来食药领域之外伪劣产品投诉高发，从2020年到2023年各领域投诉数量呈逐年增长趋势，投诉体量居于高位。

2.危害后果严重。投诉量处于高位的伪劣家用电子电器、交通工具、房屋建材等由于使用场景的危险性，极易危害公共安全。如2023年12月28日广州中院审判的张某、陈某等产品责任纠纷案[①]中，电动自行车锂电池在电梯内发生爆炸引发事故，造成人员伤亡的严重后果，经查实该电池系非法二次加工改装的伪劣产品。

3. 保护力度不足。基于维权成本考虑，许多消费者面对食药领域之外伪劣产品不愿、不敢、不便提起民事公益诉讼；囿于缺乏明确法律规制，检察机关虽然进行了“等”外探索，但该领域民事公益诉讼尚未形成一定规模，公益保护力度明显不足。

长此以往，不仅会侵害不特定多数消费者的合法权益，还会导致人民群众切身相关的社会公共利益受损，更与全面化、多元化的社会发展目标相悖。因此，依法适度拓宽刑附民公益诉讼案件范围，将销售食药领域之外伪劣产品纳入其中具有现实紧迫性与实践必要性。

四、食药领域之外刑附民公益诉讼的优化路径

随着司法实践的深入，检察公益诉讼法律规范供给不足、规制不明确的问题逐步显现，需要从顶层设计层面予以法治化、制度化。[②]鉴于此，拟从诉讼程序、机制、监督等方面提出路径完善。

（一）适格主体

部分学者认为，在生产、销售食药领域之外伪劣产品公益诉讼中，省级以上消费者协会是唯一适格主体，检察机关不享有诉权。

本文认为，在生产、销售食药领域之外伪劣产品公益诉讼中，检察机关是当然且必要的诉讼参与主体。其一，符合检察公益诉讼立法

① 详见（2023）粤01民终23269号判决书。

② 田凯:《检察公益诉讼专门立法正当其时》，载《学习时报》2023年10月25日，第3版。

目的。检察公益诉讼创设的初衷即在于充分发挥检察机关法律监督职能作用，以更好维护国家和社会公共利益。食药领域之外伪劣产品频发，侵害消费者权益、公共安全等公共利益，应纳入检察公益诉讼范围。其二，符合公益保护现实需求。当前，伪劣产品制售犯罪链条长、涉及区域广、涉案对象多，单纯依靠消费者协会，在跨地域线索移送、调查取证等方面工作开展难度大，另外若消费者协会未提起公益诉讼，需要检察机关发挥监督职能和法定调查权利，担负维护公共利益职责。

（二）适格被告

一种观点认为，刑附民公益诉讼的被告与刑事诉讼的被告应当具有一致性，否则民事公益诉讼应当另行提起。

本文认为，刑附民公益诉讼的适格被告不仅限于刑事诉讼被告，实施侵害公共利益行为的主体均可以涵盖其中。对侵权人进行合并处理，不仅有利于各方当事人承担其相应侵权责任，更符合提高司法效率、节约司法资源、促进司法公正的价值取向。具体到食药领域之外伪劣产品，适格被告包括各层级、各形式的生产者、销售者。其中生产者包括伪劣原材料与伪劣成品的制造者、加工者，销售者包括上下线销售链中的各个主体。

（三）诉讼请求

刑附民公益诉讼中的民事公益诉讼，其诉请依托的基础法律关系是侵权之债，因此诉请的内容应当是民事责任承担方式的具体化。[①]

1. 预防性责任请求。包括停止侵害、排除妨碍、消除危险的诉讼请求。停止侵害即要求被告采取停止生产、销售、虚假宣传等行为。排除

---

① 田凯:《人民检察院提起公益诉讼立法研究》，中国检察出版社 2017 年版，第 159 页。

妨碍即要求被告采取召回、无害化处理、销毁等措施并承担相关费用。消除危险即要求被告有效消除未召回的不合格产品造成的安全隐患。

2. 赔偿性责任请求。可参照食药安全领域提出惩罚性赔偿，以“销售金额”为基数要求被告承担惩罚性赔偿；若无销售金额的明确认定，则可以“销售者自认”（销售者申报、检察机关核查）为基数提出惩罚性赔偿。

3. 人格恢复性责任请求。主要表现为公开赔礼道歉，即依据侵权行为的地域特征，在相应层级的新闻媒体刊登致歉，起到惩治侵权人、警示潜在违法者作用，形成司法震慑。

（四）证据标准

一是证明标准的转化。刑附民公益诉讼中，刑事犯罪事实的证明标准高于民事侵权。刑事犯罪需要“排除合理怀疑”，而民事侵权达到“高度盖然性”即可。因此刑事诉讼认定的证据可以在附带的民事公益诉讼中直接适用，而民事公益诉讼认定的事实，则需通过刑诉证明程序达到刑事证据认定标准，方可在刑事诉讼中适用。

二是证据规则的适用。刑事诉讼中的证据规则相较于民事公益诉讼而言更为严格。比如刑事诉讼往往不予认定只有被告人陈述的单一证据，而民事公益诉讼适用自认原则予以认定。由于刑附民公益诉讼是由独立的刑事诉讼与民事公益诉讼结合在一起，只是出于行为的统一性而一并提起诉讼一并审理，因此对于刑事诉讼与民事公益诉讼应当适用相应的刑事与民事证据规则。

（五）裁决及监督

1. 和解与调解

刑附民公益诉讼中附带的公益诉讼，本质上是一种民事诉讼，应当允许和解与调解，但在适用中应考虑以下两点原则：

第一，调解与和解的适用应以维护公共利益为前提。社会公益作为调解对象具有整体性、公共性，不得随意进行让步、抛弃、损害。同时，刑附民公益诉讼适用调解制度是为了提升效率、尽快促成公益损害修复，目的在于保护公共利益。最高检发布的指导性案例[①]在指导意义写明:“检察机关代表国家提起公益诉讼，在调解中应当保障公共利益最大化实现。”

第二，调解的内容应以实现全部诉讼目的为依归。刑附民公益诉讼的调解不得涉及诸如停止侵害、赔偿损失等实体诉讼请求的处分。若检察机关缺少客观佐证，在调解协议中删减原先诉请中民事责任的大小、种类，可能被认定为不当处分国家利益或社会公共利益。[②]但检察机关可以就诉讼请求的履行方式、期限进行调解。

2. 裁决结果

(1)强制召回。关于召回主体，食药领域之外伪劣产品各层级、各形式的生产者、销售者均为召回主体。关于召回范围，召回不能仅限于停止销售，还应当包括消除所有已销售商品的安全隐患。关于召回费用，经营者应当承担消费者因产品召回所支出的必要费用及相关损失。

(2)赔礼道歉。关于道歉层级，根据销售范围确定区级、省级、国家级媒体赔礼道歉。赔礼道歉的相关费用一应由被告承担。关于道歉内容，通过明确经营者身份与侵权产品，达到惩治侵权人、告慰消费者、普法宣传的效果，形成司法威慑力。

(3)赔偿金。关于赔偿主体，各经销商共同承担惩罚性赔偿的连带责任，上级销售者可就超过自身销售金额为基准计算的惩罚性赔偿金向下级销售者追偿。关于赔偿金额，建议适用“双层制”惩罚性赔

---

① 详见最高检第86号指导性案例。

② 《如何理解民事公益诉讼调解不得减免诉讼请求载明的民事责任?》，载最高人民检察院官网，https://www.spp.gov.cn/spp/zhuanlan/202305/t20230505_633158.shtml，最后访问日期:2024年6月29日。

偿，计算基准为销售金额。对于已查实的消费金额，以查实金额为基准计算；未能查实的，可根据“销售者自认”原则进行销售金额认定。关于赔偿对象。基于公共利益的不可分性以及公益诉讼受益人的非特定性，[①] 建议设立消费者权益保护公益基金，用于消费者专项公益保护，促进公益诉讼良性发展。

3. 执行监督

为确保刑附民公益诉讼判决生效后，得以正确、及时执行，使得公共利益尽早修复，需开展执行监督。

一是推动建立法检信息共享。建立健全“全国执行与法律监督信息化工作平台”，畅通监督渠道，推动执行检察监督机制规范化、常态化运行；执行部门应及时推送财产查控信息，消除财产查控不公开不透明、规避监管和“体外循环”现象。

二是法院依职权启动执行。判决生效后，移交法院执行部门强制执行。确立专人监督管理制度，常态化核查执行合规性，强化执行流程关键节点管控，及时纠正违规行为。

三是检察院依职责履行监督。检察院基于法律监督职权，在判决生效后，若发现法院执行部门存在违法执行、错误执行、怠于执行等，可向法院发出检察建议书或检察意见。

---

① ［美］约翰·罗尔斯:《正义论》，何怀宏、何包钢、廖中白译，中国社会科学出版社 1997 年版。

药品说明书适老化改造行政公益诉讼办案启示

唐张 胡方*

目前大多数药品说明书字号过小，给药品使用者特别是老年群体造成阅读障碍，影响用药安全。针对药品说明书文字设置缺乏国家强制性规定和标准、药品说明书字号调整涉及药品生产企业成本投入等问题，检察机关应综合考虑立法目的和现实需求，对行政机关违法性进行实质判断，同时统筹兼顾社会公共利益保护和药品生产企业健康发展的平衡关系，提出可行性的检察建议，督促行政机关推进药品说明书适老化改造，切实维护社会公共利益。

一、基本案情及办理过程

《药品说明书和标签管理规定》中指出药品说明书的作用是用以指导安全、合理使用药品。目前大部分药品的包装和使用说明书字号过小，生产日期、有效期、用法用量等内容未按照《药品管理法》的规定予以显著标识，给药品使用者特别是老年群体使用药品说明书造成阅读障碍，影响用药安全，损害了社会公共利益。

2022年2月，江苏省连云港市海州区人民检察院（以下简称海州区院）在履职中发现本案线索。围绕药品说明书字号小的问题，海州区院通过召开公益诉讼问需会、进行问卷调查等形式开展初步调查。

* 唐张，江苏省连云港市人民检察院副检察长、三级高级检察官；胡方，江苏省连云港市海州区人民检察院侦查监督与协作配合办公室（二室）主任、四级检察官助理。

调查发现：一是药品说明书字小，导致老年人普遍看不清药品说明书中用法用量、禁忌症等关键信息，在一定程度上影响用药安全；二是出于国家对药品说明书内容的严格要求以及生产成本控制等原因，药品生产企业通常选择在现有纸张范围内无限缩小字号，以容纳更多必须包含的内容；三是大部分老年群体因药品说明书字号过小，会在购药时咨询药品的基本信息。

2022 年 3 月，海州区院将案件线索上报江苏省连云港市人民检察院（以下简称连云港市院），连云港市院、海州区院决定对该案立案调查。2022 年 4 月，连云港市院、海州区院共同召开圆桌会议，邀请人大代表、政协委员、人民监督员及连云港市药品监督管理部门、市场监督管理部门、连云港市辖区三家药品生产企业相关负责人共同商讨药品生产环节、销售环节的药品说明书适老化改造工作。连云港市药品监督管理部门表示，药品说明书的印制标准是国家药品监督管理部门制定的，不能随意改动，且药品说明书字号没有强制性标准，对此进行监督没有依据。连云港市市场监督管理部门表示，对于药品说明书字体字号的监管主要是在生产环节，市场监督管理部门没有监管权限。药品生产企业反馈，基于用药安全的考虑，监督管理部门要求药品说明书标注的内容逐渐增多，药品说明书纸张的尺寸大小都是与自动化生产设备匹配的，如果放大字号，会影响整个纸张的尺寸，最终可能需要投入大量资金用于重新调试和更换生产线。

连云港市院指出药品说明书不仅要载明法律法规要求的药品信息，更要考虑内容的可读性、可视性。实践中，药品说明书虽然印刷清晰，但字号太小，药品使用者辨认费力，老年患者甚至借助放大镜等工具仍无法识读，给老年群体造成阅读障碍，带来用药安全隐患。连云港市院决定分别向连云港市药品监督管理部门、市场监督管理部门制发检察建议，建议药品监督管理部门在依照现有法律规定和不大幅增加印刷成本的前提下，推动辖区内药品生产企业对药品说明书中公众最为关注的药品用量、禁忌、有效期限等内容进行加大加粗字体或下划线等措施，开展药品说明书适老化改造试点；建议市场监督管理部门在药店开展药事服务适老化建设。

2022年5月，连云港市药品监督管理部门推动连云港市三家药品生产企业，通过将用法、用量等内容的字号适当放大，对描述适应症、不良反应的文字加下划线或加粗字体等措施，对三份药品说明书进行适老化改造。连云港市市场监督管理部门通过设立药事服务台、制定服务公约、提供放大版药品说明书及老花镜等措施，在辖区内39个药品零售药店开展药事服务台试点工作。

二、药品说明书适老化改造公益诉讼案件的焦点问题和解决路径

（一）对药品说明书字号小造成社会公共利益损害问题的认定

社会公共利益损害不仅包括已经发生的损害，也包括有重大损害风险的情形。实践中，药品说明书字小的问题已被社会公众习惯性接受，潜在的用药安全问题尚未引起重视。

1. 药品说明书字号小造成阅读障碍。通过互联网词条搜索“药品说明书字小”等内容，关于药品说明书字小给老年群体造成阅读障碍的报道屡见不鲜。不少网友吐槽“药品说明书字小如蚁”“一粒米能盖住药品说明书四个字”等。

2. 药品说明书字号小影响用药安全。围绕药品说明书字号小的问题，办案人员走进3个社区，对126位60周岁以上的老年人开展问卷调查。调查结果显示：109位老人均表示，药品说明书字小看不清、看不懂，多数老年人只能凭着感觉，琢磨着吃药。实践中不乏有因用错药而导致病情加重或处于生命危险的案例。

（二）对行政机关负有药品说明书字号监督管理职责问题的认定

《药品管理法》第 8 条规定县级以上地方人民政府有关部门在各自职责范围内负责与药品有关的监督管理工作；第 49 条对药品的标签和说明书作出明确规定，标签、说明书中的文字应当清晰，生产日期、有效期等事项应当显著标注，容易辨识。从立法目的来看，药品监督管理的目的是维护人民身体健康和安全用药的合法权益。从立法框架来看，药品标签和说明书的设计和排版属于药品生产的一个环节。字号的设置直接决定药品说明书内容是否清晰易辨，按照《药品管理法》第 3 条的规定，“药品管理应当以人民健康为中心，坚持风险管理、全程管控、社会共治的原则，建立科学、严格的监督管理制度，全面提升药品质量，保障药品的安全、有效、可及”，药品监督管理部门应对药品说明书字号提出监督管理要求。

《消费者权益保护法》规定，消费者享有知悉其购买、使用的商品或者接受的服务的真实情况的权利。药品是特殊的商品，药品零售药店应采取有效措施，为药品购买者特别是老年群体提供专业、细致、便捷的药事服务，让其知悉所购药品的重要信息。连云港市市场监督管理部门作为药品零售药店的监督管理部门，应对药品销售环节药品说明书适老化改造履行监督管理职责。

（三）对行政机关是否存在履职不到位问题的认定

由于现行法律法规对药品说明书内容只作出清晰易辨等概括性的要求规定，对药品说明书字号的监督管理属于尚未明确的监督事项，如何认定行政机关存在履职不到位问题是该案办理的又一难点。

1. 药品说明书内容未达到清晰易辨的标准。《平版装潢印刷品标准》（GB/T 7705—2008）中规定，小于 5.5P（7 号）的字应不影响认读。印刷基础知识中关于字体字号的选用原则通常是：一般的书刊都选用5号字作为正文的字号；一般用于小学生课本和幼儿读物，选用4号楷体以便于孩子们模仿。另视觉专家出具的意见表示，根据人体视觉功能学和阅读习惯，4号（14磅）和小4号（12磅）字体最为适宜。药品说明书是医生和药品使用者选择、使用药品的重要参考依据，直接关系到药品使用者的用药安全和生命健康安全，举轻以明重，药品说明书的字号更应高于以上列举的印刷要求和标准，办案人员在调查中发现，大部分药品说明书的字号小于上述字号标准。综合印刷业国家标准、书刊印刷的一般标准、视觉专家意见等，连云港市院认为目前大部分药品说明书内容并未达到清晰易辨的要求。

2. 行政机关存在监管漏洞。《药品管理法》第49条第2款规定："标签或者说明书应当注明药品的通用名称、成份、规格、上市许可持有人及其地址、生产企业及其地址、批准文号、产品批号、生产日期、有效期、适应症或者功能主治、用法、用量、禁忌、不良反应和注意事项。标签、说明书中的文字应当清晰，生产日期、有效期等事项应当显著标注，容易辨识。"笔者认为第49条"生产日期、有效期等事项"中的"等"，应该具体包括适应症或者功能主治、用法、用量、禁忌、不良反应和注意事项。药品说明书编排印刷中，对以上社会公众最为关注的药品关键信息并未按照法律规定予以显著标注，属于监管不力的表现。

三、办理药品说明书适老化改造案件的思考

（一）准确把握药品说明书适老化改造是社会公共利益的重要组成部分

检察机关作为公共利益的代表，应以更高的标准和要求审视涉及公共利益而被忽视或被动接受的问题，通过公益诉讼督促相关职能部门切实解决不适应新时代、新要求，影响群众对美好生活新期盼的问题。实践中，药品说明书字号小，是长期存在的公共利益损害问题，

检察机关应强化问题思维，从积极应对老龄化社会、无障碍环境建设等新时代需求中把握公共利益保护趋势，调查分析因药品说明书字号小所存在的用药安全、老年人等特殊群体权益保障等问题，推动行政监督管理部门重新审视药品说明书字号小问题的潜在危害，并积极寻求破解之道，更好回应人民群众对充分且健全的无障碍环境建设和美好生活的现实需要，推进社会文明进步和发展。

（二）综合考虑立法目的和现实需求对行政机关违法性进行实质判断

检察机关对于损害社会公共利益的监督事项，在案件证据充分、法律适用无误的前提下，应注重从现有的法律条文中深刻领悟立法的目的和精神实质，准确把握社会公众的认知，对行政机关的履职行为是否具有违法性进行实质性的判断。《药品管理法》的立法目的是保障人民群众用药安全，药品监督管理部门虽然对药品说明书的书写内容有着严格的规范标准，但因《药品管理法》对药品说明书的书写形式只作了“清晰易辨”概括性的规定，长期忽略了对药品说明书内容可读性、可视性的监督管理，给药品使用者特别是老年群体用药造成安全隐患。药品监督管理部门虽然在形式上履行了对药品说明书的监督管理职责，但因履职不到位，监督的效果未能达到充分保障群众安全用药的立法目的，应认定行政机关具有违法性。

（三）统筹兼顾社会公共利益保护和药品生产企业健康发展的平衡关系

检察机关应注重与行政机关的协作配合，不仅要阐述行政机关应当履职的法律依据，更应当对法律条文背后的法理结合案件事实加以论述，争取行政机关的理解和支持。药品说明书问题关乎用药安全、适老化改造和无障碍环境建设等重大民生问题，同时也关乎着药品生产企业的重大利益调整。检察机关应综合考虑药品监督管理部门履职空间、药品生产企业的实际利益和社会公众对药品说明书内容的实际需求，在公共利益保护和企业健康发展中寻找平衡点，确保检察建议的合法性和可行性，推动形成双赢多赢共赢的法律监督局面。

涉新业态反电信网络诈骗公益诉讼办案探析

应旭君　吴晓阳*

针对电商云仓等新业态企业未落实反电信网络诈骗防范机制，导致快递面单信息被批量盗取，并用于实施电信网络诈骗等公益损害突出问题，检察机关依法履行反电信网络诈骗职责，通过行政公益诉讼推动构建跨部门协同监管体系，促进行政监管与行业自律有机衔接，助力电信网络诈骗源头治理、系统治理、综合治理，保护人民群众合法权益，服务数字经济健康发展。

一、基本案情

2022 年 4 月，浙江省余姚市发生多起冒充物流、网购客服退款赔偿类电信网络诈骗案件，当地公安机关经侦查打掉一条非法盗售快递面单信息的黑灰产业链。犯罪团伙指使“马仔”通过溜门、翻窗、撬锁等非法手段进入浙江义乌等地的电商云仓企业，在打印快递面单的电脑上植入远程控制程序，批量盗取快递面单信息并转卖给境外诈骗团伙。余姚市人民检察院（以下简称余姚市院）将案件线索层报浙江省人民检察院（以下简称浙江省院），经浙江省院请示最高检，同意以反电信网络诈骗公益诉讼立案。

2022 年 11 月，浙江省院、金华市人民检察院、义乌市人民检察院（以下简称义乌市院）以及余姚市院成立专案组，开展调查取证工作。经调查发现，2022 年以来，义乌市内涉快递面单信息被非法盗售案件

* 应旭君，浙江省人民检察院第八检察部一级检察官助理；吴晓阳，浙江省义乌市人民检察院党组成员、副检察长、一级检察官。

频发，案涉电商云仓、寄递企业普遍存在落实反电信网络诈骗、个人信息保护、网络安全等级保护等制度机制不到位问题，导致大量公民个人信息被盗取，并通过暗网交易用于实施电信网络诈骗等违法犯罪活动，侵害国家和社会公共利益。

2022年12月1日，《反电信网络诈骗法》正式施行当日，在浙江省院的指导下，义乌市院会同当地网信办、邮政管理局、市场发展委[①]、公安局、市场监管局以及电商平台、云仓企业等十余家单位召开磋商会，通报办案中发现的相关单位在防范和治理电信网络诈骗方面存在的问题，并就细化部门分工职责、建立协同监管机制、压实企业主体责任、发挥行业自律作用等形成磋商意见。磋商会后，义乌市院积极争取地方党委、政府重视支持，督促相关职能部门依法履职，通过构建协同监管体系、健全行刑衔接机制、推广隐私面单应用、规范网络安全管理、加强安全教育培训等方式，促进电信网络诈骗综合治理。

2023年7月12日，浙江省院联合浙江省委网信办在义乌召开公开听证会，邀请人大代表、政协委员等听证员实地走访查看涉案企业整改情况，总结评议职能部门协同履职、行业系统治理等情况，推动反电信网络诈骗长效机制落实。经听证一致认为行政机关已依法全面履职，案涉问题得到有效整改，公共利益得到有效维护，检察机关遂决定终结案件。

二、检察履职的重点问题与办理思路

（一）围绕关键环节，找准案件办理切入点

近年来，电信网络诈骗犯罪案件呈现高发多发态势，分析案件背后原因，公民个人信息泄露往往是犯罪链条中的关键环节。为此，《反

① 义乌市市场发展委系当地电商、物流行业主管部门，其他地区为商务部门。

电信网络诈骗法》从电信网络诈骗源头治理出发，通过对源头的个人信息保护问题进行规范，起到防范电信网络诈骗的目的。该法第 29 条规定，个人信息处理者应当依照《个人信息保护法》等法律规定，规范个人信息处理，加强个人信息保护，建立个人信息被用于电信网络诈骗的防范机制。履行个人信息保护职责的部门、单位对可能被电信网络诈骗利用的物流信息、交易信息、贷款信息、医疗信息、婚介信息等实施重点保护。同时，该案第 47 条赋予了检察机关反电信网络诈骗公益诉讼检察职责。专案组通过梳理案涉刑事案件，发现犯罪团伙作案手段十分隐蔽、非法获取信息数量巨大，除以溜门、翻窗等手段进入电商云仓企业外，犯罪分子还假借应聘等名义潜入涉案企业，通过手机偷拍、植入木马程序、离职后使用相关系统账号登录等方式批量盗取快递面单信息，并通过暗网以加密通讯工具（Telegram）联络、虚拟货币（USDT 泰达币）结算的方式，高价贩卖给上游犯罪团伙用于实施电信网络诈骗等违法犯罪活动。正是由于电商云仓企业在处理快递面单环节的信息泄露，导致个人信息被犯罪分子用于电信网络诈骗，造成了人民群众财产损失，而且影响了数据安全，损害了国家和社会公共利益。因此，检察机关有必要通过检察公益诉讼方式，推动相关主体落实电信网络诈骗防范机制，更好维护人民群众切身利益。

（二）深化调查核实，以精准性提升可诉性

“可诉性”是“高质效办好每一个案件”基本价值追求在公益诉讼检察领域的集中体现，也是促进提升办案质效的重要标尺。“可诉性”的前提是要把案件事实调查清楚，把法律适用研究透彻，把对策建议提得精准，才有后续提起诉讼的可能性，才敢于以“诉”的确认实现司法价值引领。为此，检察机关在办案中要重点围绕公益损害、法律适用、监管职责等开展调查取证，确保各个办案环节精准规范。专案组通过实地调查、数据勘查、专家咨询等，发现案涉企业普遍存在反

电诈防护措施不严、快递面单信息未作脱敏、个人信息保护责任不到位等共性问题，甚至还发生部分企业短期内被多个不同犯罪团伙非法窃取快递面单信息的情况。此外，电商云仓企业属于新业态行业，由于监管职能交叉、执法权限不清、协同机制不畅等原因，相关职能部门存在监管缺位。在全面调查核实的基础上，专案组决定采取行政公益诉讼方式，督促、协同相关部门实现问题标本兼治，促进有效整改，并确定了以磋商凝聚共识，推动多部门综合履职，规范行业治理的办案方向。同时，以提起诉讼作为督促行政机关依法履职的保障，如果起诉前阶段不能解决公益损害问题，将根据案件整改情况向法院提起行政公益诉讼。

（三）明确监督对象，厘清相关部门监管职责

为确保整改责任能够落实到位，专案组全面梳理相关法律法规和部门权力清单，找准履职部门和监管职责。在此基础上，浙江省院指导义乌市院召开磋商会，明确各部门监管责任，确定由网信部门负责网络安全、个人信息保护统筹协调以及相应的业务指导、联合执法等工作；邮政管理部门负责寄递行业监管，加强寄递隐私面单推广应用，从源头上阻断快递个人信息被泄露风险；市场发展委负责电商物流行业监管，督促企业履行网络数据安全、个人信息保护等义务，指导行业协会开展网络安全教育培训；公安机关负责网络安全技术措施、电信网络诈骗预警通报等执法检查，督促企业落实网络安全等级、数据分类分级等要求，加强安全风险技术防护；市场监管部门负责电子商务行业监管，督促电商平台与寄递企业完善数据对接机制，健全市场信用体系。磋商会后，义乌市院持续跟进监督，推动网信部门制定《电商云仓物流行业网络安全行动规划》，组织开展联合执法检查、专题业务培训、系列普法宣传等活动，会同多个部门出台《关于建立电商云仓等新业态网络数据安全协同治理机制的实施意见》，建立健全

“分业分层监管、联合联动执法”机制，构建跨部门综合监管协同治理体系。

（四）注重行刑衔接，促进加强执法司法协作配合

在办案中，专业组发现反电信网络诈骗行刑衔接机制落实不到位，刑事立案标准认识不一致，执法司法配合不够紧密等问题，影响了电信网络诈骗综合治理。为此，义乌市院设立专业化检察办案团队，综合运用刑事、民事、行政和公益诉讼手段，促进电信网络诈骗全链条打击、一体化治理。组织开展涉“两卡”、网络安全治理等数字专项监督，通过构建数字模型，筛查发现遗漏行政处罚线索 25 条，刑事立案监督线索 107 条，公益诉讼线索 16 条，推动公安、网信等部门建立案情通报、线索移送等工作机制，加大联合执法、约谈警示和行政处罚力度。针对司法实践中法院将快递面单信息作为“一般信息”而影响刑事规制效果的问题，[①] 义乌市院积极向上级院请示汇报，加强与公安、法院会商，将未进行去标识化、匿名化处理的寄递物流信息纳入“重要信息”范围，加大刑事打击力度。此外，针对寄递环节个人信息被泄露的源头问题，义乌市院联合公安、邮政管理等部门出台《关于打造邮政快递行业安全管理“义乌样板”的实施意见》，健全“人防、物防、技防”安全防范体系，推进隐私面单行业培训、电商平台数据对接、末端投递应用衔接等工作，目前，义乌市寄递行业隐私面单应用率已达到 90% 以上。

---

① “两高”《关于办理侵犯公民个人信息刑事案件适用法律若干问题的解释》并未载明寄递面单等物流信息的类目，司法实践中法院出于审慎角度，认为快递面单信息不符合交易信息的认定标准而将其确定为“一般信息”，导致非法获取、出售或提供快递物流信息未达 5000 条的违法人员未被追究刑事责任，且未被行政处罚的情况。

三、反电信网络诈骗公益诉讼案件办理的实践启示

（一）充分利用检察一体化优势办理反电信网络诈骗等新类型案件

反电信网络诈骗作为检察公益诉讼新增的法定领域，检察机关尚缺乏足够的实践办案经验，特别是在公益损害的认定、法律依据的厘清、监督对象的确定、整改效果的评估等方面还面临较多难题。通过发挥检察一体化优势，加强上级院对下指导作用，可以最大程度集中办案力量，提升办案质效。检察机关在办理此类新类型案件过程中，上级院可以自行立案，并指导推进案件办理。如在本案办理过程中，由于《反电信网络诈骗法》刚刚施行，社会公众对反电信网络诈骗公益诉讼案件的关注度比较高，本案又涉及跨区域、跨部门、跨行业。浙江省院决定自行立案，并由省市县三级检察机关成立专案组，采取上下联动协同办案模式，有效整合办案资源，推动办案取得实效。同时，及时向最高检请示汇报案件进展情况，争取上级院支持，把握好办案效果，并联合省委网信办召开听证会，现场评估整改成效，以点带面，扩大社会影响力。下级院可以同时立案，并做好调查核实、沟通协调、督促整改等工作，如余姚市院发现问题后及时移送案件线索，义乌市院依托案涉问题所在的属地优势，根据上级院指导意见，全面开展调查核实工作，查明案件事实，分析问题原因，加强与相关部门协同配合，督促问题有效整改，做好“后半篇文章”，有效发挥了检察公益诉讼法治保障作用。

（二）充分发挥行政公益诉讼制度价值推动电信网络诈骗综治理

防范和治理电信网络诈骗是一项长期、复杂

面广、职能部门多、法律关系复杂，不仅包

讼，督促省通信管理局开展通信行业治理，完善了相关制度，堵塞了行业漏洞，也吊销了相关营业执照，彻底实现源头治理。

（四）以“可诉性”标准精准确定行政监管主体

根据法律规定，行政公益诉讼监督对象是“负有监督管理职责”的行政机关，[①] 但目前理论和实务界对“监督管理职责”认识不一，电信网络诈骗公益诉讼的监督对象也各不相同，向工信部门、通信管理部门、公安部门、属地政府制发检察建议的情况都存在。究其原因，电信网络诈骗行为违法链条较长、违法行为多样，涉及行业监管和综合监管、日常监管、属地监管职责的交叉运行，特别是负有行业监管和综合监管职责的行政主体级别普遍较高，基层检察机关行政公益诉讼存在层级不对等的问题，导致部分案件的监督对象错误。如何精准把握电信网络诈骗领域“可诉性”标准，笔者认为，首先，要明确行业监管优先，虽然多个行政机关可能都存在对相关行业的监管职责，但有些是属地的业务指导和日常检查管理，发现问题时不具备法律授权的处置资格，所以具备行政处罚和行政强制权的行政机关应当是解决公益损害的首选机关。其次，负有综合管理职责的行政机关可以成为行政公益诉讼的对象，最高检指导性案例检例第162号吉林省检察机关督促履行环境保护监管职责行政公益诉讼案，就明确了“监督管理职责”不仅包括行政机关对违法行为的行政处罚职责，也包括其为避免公益损害持续或扩大，依据法律法规、规章等规定，运用公共权力、使用公共资金等对受损公益进行恢复等综合性治理职责。最后，要正确理解行政诉讼法的规定，对于监督对象的层级与检察机关不对等的情况，不影响行政公益诉讼的提起。如本案中，南通市院调查清楚电

---

① 王莲可：《行政公益诉讼中“监督管理职责”认定的司法逻辑》，载《中国检察官》2024年第13期。

信行业的违法行为后，邀请公安、市监、通管办、工信、网信等相关部门进行磋商，一方面是查明了通管办作为省通信管理局的派出机构，在县市没有单独行政机构，不具备独立法人资格，对本地的电信运营商日常业务工作进行监督指导，只有省通信管理局可以作出行政处罚。另一方面工信部门和网信部门是综合监管行政机关，对涉案运营商和工作人员不能采取处罚等监管措施。所以南通市院明确行业监管优先原则，确定本案监督对象为省通信管理局，经请示省院，行政诉讼中的原告可以与被告不同层级，本案中南通市院可以向省级机关制发检察建议。但根据《人民检察院检察建议工作办法》规定，应由江苏省院转送检察建议，如该单位不依法整改，可以提起行政公益诉讼。

三、电信网络诈骗公益诉讼案件的效果优化途径

（一）强化内部协作，畅通线索流转

刑事案件一直是公益诉讼线索发现的重要途径，公益诉讼检察与刑事检察的衔接配合也是实践中重要的办案手段。本案中，崇川区院刑事检察部门发现线索后及时向公益诉讼部门反馈，公益诉讼部门研判后根据管辖规定及时移送，南通市院组成一体化办案组，借助刑事检察引导侦查取证，及时有效地固定关键证据，为案件办理的高质效提供了实践样本。今后，公益诉讼检察部门可以结合打击“断卡”“断流”、整治养老诈骗等刑检部门开展的专项行动，重点在电信网络诈骗上下游关联犯罪挖掘线索，通过提前介入、调查核实协作配合等方式及时固定公益受损事实，加强线索移送、配合调查、证据互通，实现融合履职“一盘棋”。

（二）树立全链条、全流程调查理念

公益诉讼调查需树立全链条、全流程思维。一方面，发现一个违法行为，应围绕这个行为发生到结束的整个流程进行调查。比如本案

中刚开始暴露的主要违法行为是电信运营商发放固定号码，但发放到安装是一个完整的流程。检察机关赴相关运营商查明营业厅工作人员未按照反诈机制规定对批量申请固话严格审批的同时，对现场固话的安装情况进行调查，发现现场安装人员对申请地址异常、无正当经营环境、同时存在电信联通移动不同运营商固话的异常情况视而未见，且安装后也未及时报告；对已安装的固话高频次不间断的异常呼出情形未及时采取监控措施，电信运营商从审批许可、现场安装到事后监管报告全流程均存在违反规定情形。另一方面，应对违法行为进行全面分析，消除后续风险。本案中，办案组通过查阅涉案营业执照的申请材料，查明涉案公司未实际经营，属于“空壳公司”，而且在刑事判决后仍处于正常经营状态，存在被电信诈骗团伙继续利用的风险，需要市场监管部门对相关营业执照进行处理，彻底消除风险。

（三）建立数字监督模型，完善行业治理机制

办理一案、治理一片是检察公益诉讼办案的价值追求和目标。本案虽已办结，但各地仍有同类行为发生的报道，做好办案的“后半篇文章”成为检察机关的努力方向。南通市院针对本案中暴露出的“放管服”后公司资质被滥用的问题，设计研发“空壳公司”大数据法律监督模型，加强电信网络诈骗领域办案数据碰撞比对和综合研判运用，提升打击治理工作信息化、智能化水平。针对电信运营商之间信息不通；犯罪分子同时向多家多地运营商申请办理固话业务，无法及时识别；部分运营商工作人员业务审核把关不严等问题，南通市院推动江苏省通信管理局联合省公安厅、省检察院、省法院、人民银行以及江苏省互联网协会、中国移动、中国电信、中国联通组成全国首个通信行业“反电信网络诈骗联盟”，强化部门对接、涉诈数据共享、线索核查等协作机制，实现数据融通、联动打击。

调研报告

DIAOYAN BAOGAO

关于铁路外部环境安全公益诉讼检察工作的调研报告

——以 2019 年以来黑龙江省铁路检察机关办理铁路运输安全领域公益诉讼案件为例

王广军*

习近平总书记始终高度重视安全生产工作，强调“安全生产是民生大事，一丝一毫不能放松，要以对人民极端负责的精神抓好安全生产工作”。铁路作为国家关键基础设施和重大民生工程，铁路安全是国家总体安全、公共安全的重要领域，直接关系人民生命财产安全。确保铁路安全稳定，这是压倒一切的头等大事，是我们拥护“两个确立”、做到“两个维护”最现实的行动和最实际的检验。

本文以 2019 年 1 月至 2024 年 11 月黑龙江省铁路检察机关办理的铁路外部环境安全公益诉讼案件数据为样本，围绕铁路外部环境安全公益诉讼案件线索来源、影响铁路安全的违法情形、行政机关类别、案件终结程序、公共利益之间冲突、运用现代科技手段办案 6 个方面开展调研，分析监督办案中存在的主要问题，并提出加强和改进工作的对策建议，切实以高质效检察履职，服务保障铁路高质量发展。

一、铁路外部环境安全的基本情况

（一）铁路外部环境安全线索来源渠道情况

2019 年以来，哈铁检察机关受理铁路外部环境安全公益诉讼案件

* 王广军，黑龙江省人民检察院哈尔滨铁路运输分院党组副书记、副检察长。

线索共计 164 件。其中，检察机关履职中自行发现占比为 56.7%，铁路部门移送占比为 39.0%，人大代表提议占比为 3.7%，“益心为公”志愿者提供线索占比为 4.3%，群众举报的线索为 0。从统计数据看，获取案件线索的主要方式为检察机关履职中自行发现和铁路部门移送，且自行发现的线索成案比例较高。人大代表提议、群众举报、“益心为公”志愿者提供的线索占比较低。铁路外部环境安全线索来源单一。案件办理数量上看，2020 年、2021 年、2023 年以及 2024 年办理的维护铁路外部环境安全的案件比较多，主要是因为铁检机关开展了以铁路外部环境安全为主的相关专项工作，如，2020 年开展了普速铁路安全隐患综合治理专项工作，2023 年开展了铁路沿线安全隐患综合治理专项工作，2024 年开展铁路外部环境安全检察专项监督。

年份	检察机关履职中自行发现	铁路部门移送	人大代表提议	群众举报	“益心为公”志愿者提供	合计	备注
2019	11	3	0	0	0	14	
2020	7	22	0	0	0	29	
2021	10	18	0	0	0	28	
2022	16	1	0	0	0	17	
2023	34	0	6	0	0	40	
2024	15	20	0	0	7	36	铁路部门移送与志愿者提供重合 6 个
合计	93	64	6	0	7	164	

（二）铁路外部环境安全案件违法情形

从安全隐患类别种类上看，影响铁路外部环境安全隐患主要集中在：人员牲畜穿行铁路线路，危树、砂石、彩钢瓦、轻飘物等“异物侵限”等方面，占比为67.5%，此类线索直观，易被发现。铁路沿线生产、加工、储存危化品等高危作业安全监管问题以及干扰铁路无线电等安全稳定运行问题的案件线索较少，占比分别为1.2%和2.4%。从发现违法行为的方式看，检察机关以及铁路部门主要通过人工巡查巡检的方式排查安全隐患，潜在的或隐蔽性较强的安全隐患线索不易发现，如，违法取水、燃气管道下穿铁路线路等类型。

年份	公跨铁立交桥、公铁并行、铁跨公桥梁、铁路沿线油气管线等高危安全隐患	飘浮物、危树等异物侵限，危及列车行车安全问题	铁路沿线生产、加工、储存危化品等高危作业安全监管问题	铁路沿线违法施工、违法侵占、违法经营问题	干扰铁路无线电、信息管理系统、通信信号设施等安全稳定运行问题	其他需要重点监督的铁路外部环境安全隐患	合计
2019	0	10	1	3	0	0	14
2020	1	22	0	5	0	1	29
2021	3	18	0	7	0	1	29
2022	1	12	0	0	3	1	17
2023	1	27	0	5	1	8	42
2024	2	25	1	9	0	1	38
合计	8	114	2	29	4	12	169

（三）铁路外部环境安全案中被监督行政机关的类别

截至 2024 年 11 月，铁路外部环境安全中，被监督的行政机关类别中乡镇级人民政府占比为 70.6%，政府职能部门总体占比为 29.4%，主要是因为铁路沿线地方乡镇人民政府承担护路联防责任，维护铁路安全运营。

年份	乡镇级人民政府	县级以上人民政府	城市管理综合执法部门	生态环境部门	农业农村部门	水务部门	自然资源部门	住建部门	交通运输部门	林业草原部门	应急部门	其他
2019	3	0	2	4	1	2	2	0	0	0	0	0
2020	25	0	3	0	0	0	1	0	0	0	0	0
2021	19	0	2	0	1	2	2	1	1	0	0	0
2022	9	0	4	1	0	1	0	0	1	1	0	0
2023	35	0	1	0	0	1	0	2	0	0	0	1
2024	24	0	2	0	3	0	1	4	0	0	1	0
合计	115	0	14	5	5	6	6	7	2	1	1	1

（四）铁路外部环境安全案件终结程序

截至 2024 年 11 月，铁路外部环境安全领域行政公益诉讼案件已结案件中，检察建议占比为 94.4%，反映出铁检机关始终坚持把审前实现维护公益目的作为最优解。社会治理检察建议占比为 5.6%，主要是针对检察监督发现的非行政机关暴露出的普遍性、行业性、区域性深层次问题，制发社会治理检察建议，努力消除隐患，防控风险，如通过“专项 + 监督 + 重点治理”的方式，督促黑龙江省交投养护科技有限公司佳木斯分公司积极管护范围内的破损、老化防抛网，保障铁路运输安全。磋商占比为 0，把发挥检察建议刚性作为督促行政机关履职尽责的主要方式，对磋商程序使用不足。目前，铁路检察机关暂无起诉案件，主要是由于行政机关在接收检察建议后积极整改，取得较好的效果。

年份	检察建议	磋商	社会治理检察建议	提起行政公益诉讼
2019	10	0	4	0
2020	29	0	0	0
2021	28	0	0	0
2022	16	0	1	0
2023	38	0	2	0
2024	30	0	2	0
合计	151	0	9	0

（五）涉及社会公共利益冲突明显的情况

2019—2024 年涉及社会公共利益冲突的案件数量为 3 件，数量上较少，利益冲突的种类不统一。如，哈尔滨铁路运输检察院办理的汤林线黑龙江丰林国家自然保护区段树木影响铁路行车安全公益诉讼案，铁路线路两侧安全保护区内树木有倒伏侵限、影响行车瞭望、剐蹭车体危险，涉及铁路行车安全与林业资源保护之间的利益平衡。

年份	铁路安全与森林自然资源保护相冲突	铁路安全与高标准农田建设项目之间冲突	铁路安全与供热项目之间冲突	其他
2019	0	0	0	0
2020	0	0	0	0
2021	0	0	0	0
2022	0	0	0	0
2023	1	0	0	0
2024	0	1	1	0
合计	1	1	1	0

（六）办案时运用现代科技情况

2019年1月至2024年11月，哈铁检察机关在铁路外部环境安全方面的线索为164件，现场勘验、拍照为主要的调查取证的方式，运用到现代化科技手段办理案件16件，占比为9.8%。大部分案件办理主要依赖传统方式、人工作业，科技赋能占比较低，办案质效有待进一步提升。

年份	使用无人机情况	公益诉讼快速检测箱	聘请第三方鉴定	其他
2019	0	0	0	0
2020	0	1	0	0
2021	2	0	0	0
2022	3	0	0	0
2023	2	0	0	0
2024	8	0	0	0
合计	15	1	0	0

二、检察机关在办理铁路外部环境安全案件中存在的问题

（一）案件线索来源渠道单一

铁路外部环境治理力度逐年加大，隐患治理取得一定的成效，群众对守护铁路运输安全重要性整体上有所提高，但是重视程度还存在不足。广大群众和铁路沿线企业向检察机关提供的影响铁路运输安全的线索近年来均为零，人大代表提议与“益心为公”志愿者提供的线索总体上占比较小。铁路外部环境安全方面线索来源主要是检察履职中发现和铁路部门移送，案件线索来源渠道相对单一。

（二）公益诉讼检察监督存在盲区

铁检机关办理铁路外部环境安全案件违法情形主要集中在：人员牲畜穿行铁路线路，危树、砂石、彩钢瓦、轻飘物等“异物侵限”等方面。受专业知识、专业技术限制以及过于依赖以往办案经验影响，发现的问题常规化、浅表化，存在监督类型盲区，如无线电干扰铁路信号方面没有相关案件，办案类型结构有待优化。

（三）审判管辖法院有待优化

铁路线路具有跨区划的天然特征，呈现“点多、线长、面广”的特点。铁路外部环境安全类案件遍及全省，对照黑龙江省内法院集中管辖规定，铁路检察机关办理哈尔滨市、齐齐哈尔市、牡丹江市、佳木斯市四个中心城市的行政公益诉讼案件对应的起诉法院为相应的哈尔滨、齐齐哈尔、牡丹江、佳木斯铁路法院。对于法院集中管辖以外的地区的铁路安全方面的案件，铁路检察院需要向案涉行政机关所在地人民法院起诉，地方人民法院不具有审理铁路安全方面案件专业化优势。

(四)社会公益冲突情况下检察机关如何履职

铁检机关在办理铁路外部环境安全的案件时主要依据《铁路法》《铁路安全管理条例》。随着高铁的发展、危害铁路行车安全的隐患形式呈现多样化趋势，出现的问题复杂、多元甚至引发公益冲突。铁检机关在办理此类案件时，需要依法合理平衡公共利益之间以及公共利益与企业、个人利益之间关系，力求“三个效果”有机统一。目前，处置多元利益冲突的相关规定或指导性意见不够完备，铁路运输安全与其他社会公益冲突的情况下，检察机关如何统一法律适用、规范履职，如何对各方利益进行司法衡量需要进一步加大理论和实践探索力度。

(五)高科技技术应用水平不高

科技化、数字化正在成为各行各业创新发展的新动力，也是检察公益诉讼高质量发展的关键变量。随着公益诉讼实践的深入，现代科技运用越来越广泛，以卫星遥感、无人机航拍、快速检测为代表的公益诉讼技术体系正在形成。铁路外部环境安全隐患具有范围广、情况复杂、隐蔽性强等特点，检察人员如不利用高科技赋能，很难精准勘验影响铁路运输安全的隐患问题，在一定程度上影响公益诉讼案件的“精准性”。

三、高质效开展铁路外部环境专项监督的对策分析

(一)敢于动真碰硬，提升公益诉讼案件办理质效

敢于动真碰硬，落实“当诉则诉”。公益诉讼检察的价值在办理疑难案件中充分彰显，针对一定行政区划内监督对象为多个乡(镇)政府、街道办事处的同类公益损害，确有必要的将所在地县、区人民政府作为监督对象，作为一个案件立案监督，尽量减少非必要的同质

化案件办理；对于拖延整改、虚假整改的行政机关，及时提起诉讼，以“诉”的确认体现司法价值引领。跨区域、跨部门的公益损害问题，统筹发挥一体化办案、跨区域协作作用，促进相关重点案件高效办理。办案过程中充分依托《铁路安全管理条例》、护路联防机制以及《黑龙江省铁路沿线安全环境治理厅际联席会议制度》，健全监督办案机制，形成工作合力。

（二）开展“小切口”专项，逐渐消除安全隐患监督盲区

立足铁路实际，聚焦一个或者几个较为突出的监督盲点问题开展针对性更强的“小切口”专项，如上跨铁路线缆安全隐患治理专项工作、整治干扰铁路无线电、信息管理系统、通信信号设施等安全稳定专项工作。不断深化、优化与相关行政部门、铁路部门沟通协调，形成监督、协作的联动网络。推动与行政机关开展更深层次、更广领域的协作交流，特别是注重与铁路外部环境安全隐患监督盲区对应的行政机关的交流工作，如无线电管理委员会、应急管理部门等。定期性开展走访与公益诉讼相关度较高的行政机关，了解其需求以及与公益诉讼的结合点，据此积极发现治理机制失灵的领域，通过检察办案形成反馈互动等机制。

（三）优化诉讼路径，提升公益诉讼精准性和规范性

公益诉讼庭审是落实“高质效办好每一个案件”的重要环节，也是实现可诉性来提升公益诉讼案件的精准性和规范性的关键之举。对于黑龙江省内法院集中管辖（哈尔滨市、齐齐哈尔市、牡丹江市、佳木斯市）以外的地方法院的专业性、紧密联系的程度以及审理涉铁路外部环境安全类案件的频率都与铁路法院存在一定的差距。考虑到铁路检察院统一把握涉铁路外部环境安全类案件起诉标准以及法院统一司法裁判标准，由铁路法院集中审理省内涉铁公益诉讼起

诉案件更为适宜。

（四）寻求最佳方式，按照稳慎原则化解利益冲突

各方面合法利益均需要得到充分保护，但是当多元利益发生冲突时，建议按照国家利益、人民利益、社会公共利益的位阶依法审慎化解利益冲突，使得利益可以最大化得到保护，同时注意树立人民至上原则，以人民为中心的发展思想，解决人民群众最关心的最直接最现实的利益问题。社会公共利益具有不确定性、可变性、广泛性等特点，不同时期社会公益的内涵也会有所不同。检察机关在对冲突公益进行司法衡量时，为避免出现“一家专断”情况出现，建议引入社会公共利益优先性审查机制，具体可以通过第三方评估检测、检察听证审查、司法裁判等方式对冲突公益进行优先性评审。

（五）加强科技赋能，助力公益诉讼案件提质增效

切实增强科技意识和数智思维，积极探索“检察＋科技”办案模式，推动现代科技与检察公益诉讼深度融合。研发大数据法律监督模型，破解影响铁路外部环境安全的重大安全隐患难题。基层办案力量不足、专业人才紧缺，如何高质效的核查数量庞大、多源异构的公益损害信息，形成高质量案件线索，是当前面临的重点问题。通过高精度航空摄影测量路外环境精细建档、基于GIS的移动智能巡检、融合空天地一体化技术进行路外环境检测等科技手段及时发现安全隐患，破解隐患发现滞后难题。如，利用非法采矿法律监督模型，通过获取铁路沿线重载车辆轨迹等数据，“以点锁车、以车寻点”，从矿石加工厂追溯至非法采矿区域，并由此确定作案车辆、运输次数，进而根据涉案车辆深挖其他影响铁路运输安全的非法矿石加工厂。

（六）优化办案宣传，创造良好的舆论环境

大量的办案实践证明，办理公益诉讼案件既要实现“治理一片”，

更要实现“影响一面”，宣传也是办案。通过有技巧的宣传来推动问题的解决，赢得更多方面和层面的支持，特别是人民群众和人大代表的认可和支持，如2023年铁检机关积极回应人大代表建议，围绕人大代表提出的牲畜侵限危害铁路运输安全的问题，开展了相应维护铁路安全的专项行动。良好的宣传还可以扩大办案效果范围以及解决办案中的困难和阻力。根据新闻媒体提出的专业要求，提供好的一手的办案素材，同时根据不同媒体的定位，主动反映宣传意愿，积极撰写相应的稿件，共同强化宣传效果。

结　语

2024年是习近平总书记在党的十八届四中全会提出建立检察机关提起公益诉讼制度十周年。下一步，我们将坚持以习近平法治思想为指引，更实地担负起党和人民赋予的更重责任，持续聚焦铁路外部环境安全隐患，努力办理高质效、有影响的案件，不断提升公益保护质效，为平安铁路建设贡献更多检察力量。

地方经验

DIFANG JINGYAN

湖北省检察院关于油气管道下穿铁路公益诉讼案件问题分析和实践对策

油气管道是区域间能源输送的命脉，其安全运营对国家经济和社会发展起到至关重要的作用。受跨越距离、地形地貌、施工成本等因素影响，部分基础设施的规划、建设与油气管道的交叉难以避免，油气管道会穿越工厂、居民区、火车站等人员聚集的特殊场域，给人民群众的生命财产安全带来一定风险和隐患。2021 年 6 月，十堰市张湾区艳湖小区发生天然气爆炸事故，导致附近菜市场被炸毁，25 人死亡、138 人受伤。事故的直接原因为天然气中压钢管严重锈蚀破裂，泄漏的天然气在建筑物下方河道内密闭空间聚集，遇到餐饮商户排油烟管道排出的火星发生爆炸。由此可见，充分认识油气管道穿越各类环境敏感区域的重要性，有针对性地开展下穿油气管道的排查和治理工作刻不容缓。为深入贯彻习近平总书记关于铁路工作的重要指示批示精神和党中央、国务院关于加强铁路安全的决策部署，充分发挥公益诉讼检察职能，扎实推进铁路沿线环境安全治理工作，最高人民检察院向省检察院交办了由国铁集团移送的燃气管道下穿武汉火车站案件线索，省检察院党组高度重视，迅速成立了以金鑫常务副检察长担任主办检察官的办案组办理此案，涉及武汉市、区两级案涉行政机关的监督，交由湖北省人民检察院武汉铁路运输分院（以下简称武汉铁检分院）和武汉铁路检察院（以下简称武汉铁检院）办理。武汉铁检分院根据湖北省院要求，部署武铁两级三院检察机关开展油气管道违规下穿铁路专项治理活动，并制定下发《开展油气管道违规下穿铁路专项治理活动的实施方案》。通过前期沟通和梳理，武汉铁检院根据整理出的省内 14 处油气管道下穿铁路安全隐患清单，对武汉车站、汉口车站、武昌车务段、汉西车务段等站段开展专项摸排。经摸排发现，浠水车站、孝感车站、潜江车站存在的隐患已整改到位，剩余的 11 个线索中，武汉铁检院重点针对 3 个客运车站和 1 处行政违法情形进行了监督。

一、湖北检察机关办理油气管道下穿铁路行政公益诉讼案件基本情况

（一）城镇燃气管道下穿武汉火车站安全隐患案

铁路沿线安全环境治理部际联席会议办公室现场会上，国铁集团安监局向最高人民检察院移送的铁路沿线环境安全典型问题清单，反映湖北省武汉市洪山区和平街道京广高速铁路武汉站咽喉处三条城镇燃气管线违法下穿铁路线危及高铁运行安全的情形，最高人民检察院遂将该线索转交湖北省检察院办理。省检察院办案组经过制定调查方案，查看相关现场，收集并分析证据，查阅有关法律规章，完成初步调查后，对案涉三处城镇燃气管道下穿武汉火车站情形依法以事立案，并开展相关案件办理工作。2024 年 6 月 18 日，中国铁路武汉局集团公司按重大隐患判定程序，依据《铁路交通重大事故隐患判定标准（试行）》对案涉三处燃气管道下穿武汉站咽喉区情形判定为铁路交通重大事故隐患。为有效推进燃气管道下穿武汉火车站安全隐患案案件办理工作，督促相关单位落实隐患治理措施，6 月 19 日，省检察院党组副书记、常务副检察长金鑫主持召开检察公益诉讼案件磋商会，省能源局、省住建厅、省应急厅、武汉铁路监督管理局、中铁武汉局集团公司、武汉市政府办公厅、武钢华润燃气公司、武汉燃气集团公司分管领导和相关部门负责人以及三级检察机关办案组成员参加了磋商会。武汉市盛阅春市长对武汉站重大隐患问题非常重视，7 月 2 日，召集武汉市政府及相关单位连夜召开专题会议，研究讨论武汉站重大隐患问题，将武汉站重大隐患治理纳入武汉市政府重点督办事项。鉴于本

案系最高检交办案件，涉及多层级多个行政机关，情况复杂，问题隐患涉及适用法规多，整改难度大，办案组先后于7月8日、9月13日、9月30日进行了三次不同层次的会商会，以解决案件办理中遇到的争议问题，最终统一了各方思想，凝聚了各方合力。

目前，武汉市政府已督促案涉燃气公司对武汉站南侧咽喉区燃气管道先行迁改，武钢华润燃气公司已从该公司老旧管网改造专项贷款中调拨1500万元用于和谐路武汉站南侧咽喉区燃气管道迁改，相关迁改方案和应急保障措施已制定，并与中铁武汉局集团公司进行了多次协商沟通，另外两条燃气管道因迁改路由复杂，涉及迁改经费较大，正在筹备中，武汉站重大隐患治理工作正按计划推进。

（二）油气管道违规下穿武穴市石佛寺镇京九铁路K1252+822处涵洞案

2024年1月，武汉铁检院在查阅行政处罚案卷材料时获悉该线索。经查，武穴中燃城市燃气发展有限公司在未经主管部门批准且未办理相关涉铁手续的情况下，于2022年10月至11月期间，私自铺设天然气管道下穿京九铁路涵洞。武汉铁检院于2024年2月1日向武穴市自然资源和规划局、武穴市住房和城乡建设局发出行政违法检察建议，督促其加强监督管理、严格规划审批程序、消除安全隐患，同时向武穴市石佛寺镇人民政府立案并发出磋商函，督促其依法履行属地管理职责和铁路护路联防职责，确保相关主体尽快完成隐患治理工作。

2024年3月，武穴中燃城市燃气发展有限公司已对穿越铁路的油气管道进行两端切断和用土回填，委托专业机构进行整改工程设计，并按照规定向铁路部门补办了审批手续。9月下旬，武穴中燃城市燃气发展有限公司已委托设计单位完成了设计施工方案，正在通过铁路部门的安全评估，预计10月正式开工整改。

（三）油气管道违规下穿安陆站东侧咽喉区汉丹线 K104+450 处涵洞案

该线索系武汉铁检院在汉西车务段开展专项摸排中发现。经查，安陆嘉旭天然气公司所属的一条城镇燃气管道经安陆市碧涢路下穿安陆站东侧咽喉区的一处涵洞。该天然气管道后建于安陆站，是连接安陆市城东和城西的唯一主管道，影响到安陆市区约 4.6 万户居民的燃气供应。针对上述情形，武汉铁检院于 2024 年 4 月向安陆市城管执法局等三家行政机关进行监督，督促相关单位全面履行燃气安全管理职责，对安全隐患进行整改，既要维护铁路运行安全，又要兼顾企业经营发展和民生用气保障。

2024 年 5 月，安陆市安全生产委员会组织市城管局、府城街道办事处、安陆火车站和安陆嘉旭天然气公司到碧涢路老涵洞进行现场踏勘，形成了《关于安陆嘉旭天然气有限公司燃气管道下穿铁路涵洞重大隐患整改方案》；8 月 13 日，安陆嘉旭天然气公司完成了备用燃气管道的铺设，确保了城镇居民用气保障；8 月 28 日，安陆嘉旭天然气公司在行政机关的督促下完成了管道整改建设，已在涵洞的东、西端各安装了一个安全阀门，通过关闭两侧阀门切断穿越涵洞的天然气，彻底消除了安全隐患。

（四）油气管道下穿仙桃站北侧咽喉区武仙城际铁路 K16+394、K16+102、K16+113 处铁路高架桥案

该线索系武汉铁检院在汉口车站开展专项摸排中发现。经查，国家管网川气东送天然气管道有限公司的一条长输天然气管道、仙桃市中盈能源有限公司的一条城镇燃气管道和仙桃中石油昆仑燃气有限公司的一条城镇燃气管道下穿仙桃站北侧咽喉区。仙桃站后建于三条天然气管道，至今尚未验收结算。仙桃站工程项目的投资建设方湖北省汉沔铁路有限责任公司愿意承担三条管道的迁改费用，在仙桃站工程

项目一并验收后结算。但由于川气东送长输天然气管道存在迁改手续复杂、审批环节众多等原因，燃气产权公司与监管单位一直未达成统一整改意见。武汉铁检院于 2024 年 5 月对仙桃市发展和改革委员会、仙桃市住房和城乡建设局等四家行政机关进行监督，要求相关单位全面履行对天然气管道和铁路建设项目的监管职责，协调各责任部门共同推动整改，并做好整改期间的安全防护工作。

目前，仙桃市发改委已初步确定三处管道的改迁方案，并在积极争取国家管网总部的支持，将三条管道全部迁出市区，远离铁路咽喉区和人员聚集地，待燃气产权单位的报价费用审定完成后，统一纳入仙桃站工程项目的概算中。

（五）油气管道下穿黄石北站站台北侧涵洞案

该线索系武汉铁检分院和武汉铁检院在武昌车务段共同开展专项摸排中发现。经查，国家管网西气东输忠武线—武黄支线从黄石北站站台北侧一处涵洞穿过。黄石北站后建于西气东输管道，在建站之初因规划条件限制建于此地，并特意修建一处涵洞用以西气东输管道穿越。黄石市人民政府在规划黄石北站时已考虑将该管道进行改迁，但因改迁工程复杂、历时较长，管道的改迁事宜一直搁置至今。武汉铁检两级院在充分履行检察一体化职能的基础上，由武汉铁检分院和武汉铁检院分别向黄石市、区两级行政机关进行监督，督促市区两级相关单位厘清部门职责，进行分工协作，共同推进整改工作落实落地。

2024 年 8 月 30 日，武汉铁检分院联合武汉铁检院同黄石市相关行政机关、国家管网武汉分公司、黄石市城发集团公司、武汉车站等单位就黄石北站下穿油气管道改迁一事召开磋商会。黄石市自然资源和城乡建设局已于 6 月底确定了天然气分输站的搬迁选址，合理规避了原先准备占用的省级公益林，重新出具了选址意见书。天然气门站也准备进场开工建设。国家管网集团西气东输分公司武汉管理处正在积极争取上级支持，同黄石市相关行政机关积极配合，协调解决新选址附近的矿权争议问题，尽快完成分输站改迁项目的设计审查工作和路由规划，加快项目推进。

二、油气管道下穿铁路行政公益诉讼案件的特点及难点

从上述办理的油气管道下穿铁路公益诉讼案件来看，相较于安全生产领域其他类型案件，油气管道下穿铁路行政公益诉讼案件在线索调查、行政机关的职能、认定损害公益的标准、历史遗留原因、“后建服从先建”原则、整改费用等方面都具有自身的特点和难点。

（一）线索调查面临多重困难

一般来说，检察机关在获得公益诉讼线索后，需要就线索进行现场踏勘，有针对性地开展调查、搜集、勘验和取证工作。但是，油气管道下穿铁路公益诉讼案件中更困难的点表现在：第一，油气管道深埋地下，只能通过周围树立的警示桩、窨井盖等标志进行识别，而这些标志大多藏于铁路附近的草丛里或偏僻处，既难辨认又不易为外人察觉，容易成为极具隐蔽性的风险或隐患。在“武穴案”中，武穴中燃城市燃气发展有限公司私自从距离铁路约100米的农田挖洞铺设天然气管道下穿铁路，由于周围都是农作物和树木，且未设置任何安全警示标志，办案人员和铁路公安在铁路两侧通过“地毯式搜查”才发现私埋管道的具体位置。第二，油气管道下穿铁路分为下穿旅客车站、货运车站、铁路线路、铁路咽喉区、铁路涵洞等多种情形，如何对线索进行专业化的界定和甄别，如何确定调查重点和方向，是检察机关面临的核心问题，也是线索能否成案的关键。第三，由于安全生产领域的调查取证和分析研判都需要具备一定的专业知识，检察机关仅依靠自身力量很难完成，需要行政机关、相关企业和专业机构给予支持

和配合。但在实际办案中，存在行政机关不配合、评估机构少、鉴定或检测费用高等诸多问题。第四，对于油气管道下穿铁路存在的风险或隐患，单靠肉眼识别或经验判断很难把握，其内涵和证明标准没有法律依据，检察办案人员如不掌握技术层面的知识和专业领域的法律法规、行业标准，就难以实际推动案件办理、提高办案质量。

（二）行政机关责任交织、“不依法履职”标准难以确定

在安全生产领域，我国采取应急部门“综合监督”和其他部门“行业监督”相结合的监管模式。一方面，应急部门综合监管和各领域行业监管的界限本就模糊，故而再去确定监管职责时各行政机关之间容易产生互相争夺管辖权或互相推诿责任的现象。另一方面，实务中具体的安全生产行为不仅具有较强的专业性，而且会牵涉多个部门和领域。在仙桃站案中，仙桃市发改委负责牵头仙桃站工程项目的规划建设，该单位既是全市重大铁路建设项目的协调管理部门，又是川气东送天然气长输管道的安全监管部门，对油气管道下穿仙桃站具有不可推脱的管理职责。但是，对于此类预防性公益诉讼，判断行政机关“不依法履行职责”的标准在法律上缺乏具体的规范指引，无论是以行为标准论还是以结果标准论，都需要考虑个案的现实问题和具体情况，难以类比其他情形直接做出判断。

（三）对公益侵害的认定标准模糊

安全生产法规在对行政机关职能配置的设计上越来越侧重于对重大安全生产事故的防控，2021 年修改的《安全生产法》第 3 条第 2 款指出：“安全生产工作应当以人为本，坚持人民至上、生命至上，把保护人民生命安全摆在首位，树牢安全发展理念，坚持安全第一、预防为主、综合治理的方针，从源头上防范化解重大安全风险。”党的二十大报告中也专门强调要“加强检察机关法律监督工作”，并要“坚持安

全第一、预防为主，推动公共安全治理模式向事前预防转型”。这一设计目的也是由安全生产事故的潜伏性、突发性、破坏性、地域延展性、不可逆转且不可弥补等特征决定的。所以安全生产领域的公共利益损害实际上是以重大风险的预防为标准，将实际损害的结果认定抽象化为对公共秩序、公共利益的损害。但由此衍生出的问题在于，由于无法将抽象的认定结果进行量化，检察机关在提起公益诉讼的过程中无法形成认定国家和社会公共利益受到损害的详细、准确标准，加大了检察机关在审前程序中的沟通成本和庭审过程中的举证难度，进而影响到检察机关履行公益监督的目的和初衷。

（四）历史遗留原因复杂

油气管道下穿铁路的形成原因复杂，大多属于历史遗留问题。从外因来看，铁路能促进地区之间的经贸往来和技术协作，对地方经济带动作用明显。以仙桃站为例，为融入长江经济带和武汉城市圈，仙桃对于城际铁路的渴望日益加剧，仙桃市发改委于2015年提出关于仙桃到武汉城际轨道交通项目的建议，2017年12月正式动工。仙桃站在规划初期，中铁第四勘察设计院集团有限公司（以下简称铁四院）就在勘探中发现川气东送天然气管道距离原先设计的仙桃站站房仅有147米，考虑到安全距离和南边的河流地貌，铁四院将车站整体南移253.7米，以保障油气管道距离人群集中点400米以上，且能满足车站布局，但依然存在油气管道下穿车站咽喉区的问题。同样，铁路部门在规划设计黄石北站时也提出过此处存在天然气管道，不适宜建设火车客运站，但黄石市人民政府考虑到土地紧张、经济发展等因素，最终还是决定将车站建于该处。由此可见，地形地貌和区域发展是造成油气管道下穿铁路最主要的两大外在因素。从内因来看，铁路在设计规划之初，无论是铁路部门还是燃气产权单位，都对铁路和管道二者交叉可能带来的安全隐患认识不清晰、法律风险意识欠缺。武汉铁检院在向铁路建设方和铁四院技术人员询问相关情况时发现，即便是专业人士，对于“铁路咽喉区”的重要程度也普遍认识不足，对判断油气管道下穿铁路的国家标准和行业标准亦存在分歧。

（五）油气管道的概念不明晰

城镇燃气管道与油气管道的概念，在现有的法律法规或规范性文件中模糊不清。《石油天然气管道保护法》《油气管道与铁路交汇规定》中的“油气管道”是指输送石油的管道和输送天然气的管道，适用于城市门站以外的长距离输送。而城镇燃气管道相关规定中有关燃气管道的表述又各不相同。如，《输气管道工程设计规范》规定，输气管道线路严禁通过大型客运站。《城镇燃气管道穿跨越工程技术规程》规定，燃气管道不得在铁路站场下方穿越。《铁路工程设计防火规范》规定，可燃气体管道严禁在旅客车站的上方跨越或下方穿越。上述规定中的输气管道、燃气管道和可燃气体管道与油气管道是什么关系，相关的法律法规或规范性文件中模糊不清，给重大隐患判定造成影响，导致武汉火车站重大隐患案件办理中，相关单位以《铁路交通重大事故隐患判定标准（试行）》中的“油气管道”不是“城镇燃气管道”为由，不认可铁路单位做出的铁路交通重大事故隐患判定结果。

（六）管道迁改费用高、审批手续繁琐

根据武汉铁检院现有案件的办理情况来看，“武穴案”和“安陆案”因只存在城镇燃气管道下穿铁路的情况，管道的改迁难度较小、费用不高，行政机关和燃气公司在达成整改方案后开展整改工作均较为顺利。相反，仙桃站和黄石北站因存在天然气长输管道下穿铁路的情况，整改工作较为复杂，其中下穿仙桃站的川气东送管道是继西气东输管线之后又一条贯穿我国东西部地区的大动脉，西起四川达州、东至上海，年输气能力 120×108 立方米 / 年；下穿黄石北站的西气东

输—忠武线武黄支线，由武汉东分输站向黄石分输站供气，年供气量约3.9亿立方米，是黄石市唯一的供应气源。武汉铁检院在与铁四院相关技术人员就管道路由迁改问题进行交流后了解到，川气东送管道的迁改预估费用约1.8亿元，黄石北站燃气分输站的搬迁费用约1.1亿元，除开巨额的整改费用，各种手续的办理、审批、规划、许可都相当复杂繁琐，整改工期很长。另外，管道改迁还可能导致暂停供气，如何正确平衡安全生产和民生保障之间的关系，既推动隐患整改又兼顾用气保障和企业发展，都是办案人员需要面对的现实问题，也是衡量公益诉讼案件办理质效的重要指标。

三、油气管道下穿铁路行政公益诉讼案件的办案思路及司法实践

（一）充分认识预防性公益诉讼在安全生产领域的适用意义

2021年6月发生的湖北十堰“6·13”重大燃气爆炸事故、2023年6月发生的宁夏银川富洋烧烤店“6·21”特大燃气爆炸事故以及2024年3月河北廊坊燕郊镇发生的重大燃气爆炸事故，均造成多人死亡、受伤，给人民群众的生命健康和财产安全带来巨大损失。安全生产无小事，维护好、保障好安全生产对于社会安定和民生福祉意义重大。预防性公益诉讼通过发挥“抓前端治未病”的制度优势，能够避免类似悲剧发生，从源头实现对公共利益的保护和对重大风险的预防。检察机关作为预防性行政公益诉讼中的司法主体，是在履行保护公共利益的法定职责，旨在确立一种“事前+事后”的“全过程救济”监督机制。对于安全生产领域中某些行政机关职能交叉、难以厘清或是怠于履职、不依法履职的问题，检察机关依法进行监督，一方面能充分发挥司法职能参与国家治理、社会治理的作用，弥补行政职能在公共利益保护中的运转失灵问题；另一方面能在安全生产领域促进多元

共治、多方参与，实现双赢多赢共赢的治理效果，从而进一步推进国家治理体系和治理能力现代化。

（二）以“风险”和“隐患”的辨析为突破口进行介入

《安全生产法》第74条规定了“导致重大事故”或“造成重大事故隐患”是检察机关提起安全生产公益诉讼的前提条件，其中“重大事故”是指已经发生的事故，但司法实践中对于“重大事故隐患”“重大风险”等概念仍不明确，还经常将“风险”和“隐患”两个词并在一起使用。从文义角度对“风险”和“隐患”进行解释，“风险”意为“可能发生的危险”，不确定但可预防；“隐患”意为“潜在隐藏的祸患”，具有事前的不安全性，但在消除相应影响因素后即可消灭。有学者认为衍生到法律实务中，“风险”可以界定为“具备合法表象的生产行为，符合法律法规和强制性技术规范相关要求，但仍存在造成安全事故的可能性”；“重大事故隐患”的界定则需要通过行为人是否违反安全生产法律法规或强制性技术标准来判断，若违反，则认为其行为可造成重大事故隐患，反之则具备合法性，不认为其行为会造成重大事故隐患。《安全生产法》第4条第1款中提到“构建安全风险分级管控和隐患排查治理双重预防机制”，法条中对“风险”要“分级管控”、对“隐患”要“排查治理”的表述，也恰好回应了上述解释，“风险”只能控制，“隐患”则可以通过预防机制消除。油气管道下穿铁路案件中，管道建设不论早于或晚于车站，重点应关注现阶段是否违反了相关法律法规和强制性技术规范，是否属于“重大事故隐患”，若合乎规范，检察机关不可轻易介入；反之，检察机关则可通过提起行政公益诉讼的方式对行政机关进行干预和处理。

（三）借助“数字检察”+“外脑”促进调查提质增效

油气管道下穿铁路系列案件类属于安全生产领域，因其跨学科性和复杂性，办案人员有必要依托高科技力量协助办案，同时需掌握大量专业知识、查阅内容庞杂的法律法规和技术规范。武汉铁检院在办理油气管道下穿铁路系列案件时，多次使用无人机进行现场勘察，通过空中航拍和测绘调取遥感卫星图片，掌握周边地形地貌和铁路车站的整体规划布局，了解油气管道下穿铁路的具体位置和路由走向，有效弥补了人工巡查过程中的视野受限问题，同时可以为行政机关提供一份精准详细的图文材料，帮助后续沟通交流。办案人员通过查阅相关法律法规，学习《铁路工程设计防火规范》（TB 10063—2016）、《油气输送管道和铁路交汇工程技术》（国能油气2015—392号）、《城市燃气管道穿跨越工程技术规程》（2009年住建部）等专业工程规范，会同铁四院技术部门开展座谈，咨询特邀检察官助理和燃气产权公司，对铁路领域的"站场""车站咽喉区""咽喉道岔"等专业术语以及各大铁路车站的设计规划、油气管道的存量和增量等情况进一步加深了解，更加细致、透彻地掌握了案件具体情况，促进高质效案件办理。

（四）秉持安全生产监管效果最大化的理念明确监督对象

在预防性安全生产行政公益诉讼中，为尽可能防范重大安全事故及风险、避免产生将会给国家和社会带来难以承受和难以逆转的重大安全事故，应当秉持安全监管效果最大化的理念，按照"综合监管+行业监管+属地监管"的原则协同发力、共同履职，织密安全生产领域的预防监管网。以黄石北站为例，武汉铁检分院通过调取黄石市人民政府《会议纪要》后发现，早在2021年7月，黄石市人民政府就召开专题会议研究黄石北站管道及场站的搬迁工作，并明确了黄石市发改委为搬迁工作的牵头部门和落实委托主体，黄石市自规局负责选址，黄石市住建局、应急管理局、城管委、下陆区政府各部门都根据各自职能，分工协作，强化对油气管道的安全监管。但在检察机关介入调查之前，黄石市、区两级行政机关并未高度重视西气东输管道下穿黄石北站的重大安全隐患，也未直接推进管道的改迁工作，相关项目的立项、规划及手续的办理、施工招标、对接沟通等工作均未实际展开，这与黄石市人民政府《会议纪要》的要求不符。武汉铁检分院在了解上述情况后，与武汉铁检院迅速组成专案组介入调查，以检察一体化优势纵向发力，由武汉铁检分院对黄石市相关行政机关进行监督，督促其各司其职，厘清责任分工，加快推进整改力度；武汉铁检院对下陆区相关行政机关进行监督，督促其履行属地管理职责，落实会议精神，配合上级机关加强巡查和管控，确保安全隐患得到有效控制。武汉铁检两级院通过一体履职、综合履职，协作配合、紧密衔接，充分发挥了检察监督的整体效能。

（五）准确运用行政公益诉讼中的磋商督导机制

磋商机制是审前程序的一种体现方式，强调对社会治理的效果，并为效果之达成而审慎、客观地对待权力运行的过程。一般情况下，磋商的目的是实现案件的繁简分流、提高效率，针对案情简单、行政机关对公共利益受到损害、其违法行使职权或不作为没有异议、有立即整改意愿且通过立即整改，公共利益可以得到及时有效保护的案件。针对油气管道下穿铁路类型案件，由于存在行政机关职能交叉、整改时间难以预估、公益损害认定标准模糊、不能充分证明行政机关怠于履职等情况，正确使用磋商机制能够以一种非对抗性的方式架构起检察机关和行政机关之间的沟通桥梁，平衡检察权和行政权之间的关系。磋商主要通过召开座谈会、圆桌会、制发磋商函、磋商意见书等方式与行政机关对话沟通，是一种比较中性且柔和的审前监督方式，充分尊重了行政机关的行政权和自我纠正能力。检察机关和行政机关在磋商过程中能够秉持诚意共同协商，平等表达自己的意见和建议，也更容易达成监督公共利益的合意。武汉铁检院在对油气管道下穿铁路系列案件立案后充分运用了磋商机制，以双赢的态度去积极探讨公共利益受损、如何开展整改等问题，多数行政机关表示出对该问题的重视态度，愿意在查明情况后积极配合整改，并与检察机关保持密切联系，也更利于检察机关的持续跟进监督。对于案件办理中的法律适用方面的争议，积极运用案件磋商会释法说理的同时，积极运用相关行业主管部门的法定职责采取调查督导方式对争议问题作出有权解释。如9月13日，最高检公益诉讼检察厅会同国家铁路局、国铁集团有关部门，在武汉火车站综合管理办公楼会议室召开公益诉讼案件调研督导会，明确《铁路交通重大事故隐患判定标准》中的油气管道包含城镇燃气管道，有力推进了案件办理中争议问题的解决。

（六）准确把握安全生产领域行政机关履职标准

对于安全生产领域公益诉讼案件的效果评估，一般来说是以安全隐患消除、行政机关已全面采取整改措施依法履行职责为评估标准。检察机关在前期线索摸排时针对每一起线索都进行了初步评估，特别是对油气管道的监管责任、改迁成本、整改的安全性和可行性、必要性等要素重点调查，判断该线索能否成案，有无监督必要性，是否会给后续办案带来困难。但是油气管道下穿铁路系列案件的共性在于整改费用高、周期长、手续复杂、流程繁琐，检察机关难以给行政机关设定履职期限，也很难判断行政机关履职到位到何种程度才符合履职要求。所以，准确把握安全生产领域行政机关履职标准非常必要且符合实际。一方面，对行政机关依法履职需精准把握，当行政机关已穷尽所有可履职的手段督促整改，又不存在故意拖延或消极应对的倾向时，可以认定其已依法全面履职，必要时也可通过第三方专业机构的评估进行判断；另一方面，要重点围绕公共利益是否得到有效保护的原则，对于安全隐患的消除程度需根据现实情况在合理期限内进行动态且灵活的判断，特殊情况下如尚不具备油气管道改迁的条件，是否已在过渡阶段设置防护设施、开展定期巡查、进行安全宣传、学习教育等都可以作为判断的标准。

湖北检察机关办理的油气管道下穿铁路系列案件是关于安全生产领域预防性公益诉讼的一次有益探索。在司法实务中，“事前预防”的理念并不成熟，相关制度也尚未出台，存在立案及起诉标准不统一、公益诉讼损害标准模糊、行政机关权责划分不清、举证责任分配存在困境等诸多问题。但在安全生产领域，预防性公益诉讼最能够降低公益保护成本，弥补监管缺位，修复安全漏洞，起到“防范于未然”的效果。本文通过总结办案经验，对办理该领域其他类似案件具有一定参考作用，希望为预防性公益诉讼的相关制度设计和体系完善贡献出一点思考。湖北检察机关将持续跟进监督，紧紧围绕“高质效办好每一起案件”的目标，办理更多优质案件，同时以办案带动调研，以调研指导办案，坚持理论与实践相结合，形成实务工作和理论研究共同发展的良好局面。

河北省秦皇岛市检察机关“望闻问切”守护群众“舌尖上的安全”

民以食为天，食以安为先。食品药品安全直接关系人民群众身体健康和生命安全，一直是广受关注的民生热点。2024年以来，秦皇岛市检察机关深入贯彻“四个最严”要求，以河北省检察院部署开展的“燕赵山海·公益检察”之食品药品安全专项监督为抓手，充分发挥公益诉讼检察职能，共立案办理食品药品安全领域案件81件，发出检察建议58件，提起诉讼5件，诉请惩罚性赔偿459万余元。1件案件获评最高检典型案例，4件案件获评省级典型案例。

一、望：深入细致搜集梳理案件线索

坚持以上率下、一体化办案，围绕市委、市政府统一部署，紧密结合国家食品安全示范城市创建，按照秦皇岛地域特点和工作实际，在实现专项监督“八个领域”全覆盖的基础上，市院梳理出地方特色食品保护、食用农产品质量安全、网络外卖餐饮、违规销售中成药及处方药、电商平台夸大或者虚假宣传药品疗效误导消费者、违规医美等食药领域12个方面重点监督内容，有侧重地指导基层院开展工作。同时，强化内部协作，充分发挥“刑事公诉+公益诉讼”双惩治模式，“办案、取证、追责”一体化，提起诉讼5件，诉请惩罚性赔偿459万余元，合力打击食品药品类违法犯罪行为。充分运用河北省公益诉讼检察大数据智能化应用平台（以下简称数智平台）、公益诉讼“随手拍”、“益心为公”志愿者等平台拓宽案源渠道，树立大数据思维，从个案办理向类案监督、系统治理转变。2024年以来，共接收数智平台推送食药领域案件线索187条，立案81件，成案率43.3%。抚宁区院根据“益心为公”志愿者提供的线索，督促加强农产品采摘行业监管，推动签订《全面推行食用农产品承诺达标合格证制度协作机制》，监督指导开具承诺达标合格证217202张，将186家生产主体名录纳入国家追溯管理平台，助推采摘行业的食安升级。

二、闻：广泛听取社会各界意见建议

积极借助外脑，聚集各方智慧和社会力量，破解办案专业难题。先后邀请“益心为公”志愿者、相关领域专家、群众代表23人次参与相关案件办理、公开听证，提升办案的专业性和公信力。整合高校和科研力量，围绕海产品药物残留、环境影响等开展课题攻关，针对休渔期后养殖鱼大规模上市，借助第三方检测机构的专业优势，统筹开展快检工作，为履职提供客观数据支撑。山海关区院与区市场局建立公益诉讼食品安全联合实验室，由河北省食品检验研究院作为技术支持，海港区院依托区粮食储备公司技术人员和设备，对相关粮食安全问题提供专业咨询，对相关粮食样品进行快速检测，共同推动“科技赋能+府检联动”护航健康港城建设。专项监督开展以来，全市检察机关还在车站、社区、银行、商超、医院等96个公共区域819个点位1373块户外广告大屏、电梯广告屏滚动播放公益检察宣传片；制作《舌尖上的检察》等微视频，通过电视台、“两微一端”、抖音等发布宣传视频20余部，印制发放宣传单5000余份；建成公益诉讼主题公园增设食品药品安全宣传专区；深入社区、乡村、集市，开展普法讲座19场，受众3000余人次，全矩阵、全方位宣传，实现宣传区域和群体全覆盖。中央电视台、人民日报、中国日报、法治日报等国家级媒体、河北电视台等省级主流媒体共报道、刊发我市两个专项信息120余篇次，推动食品药品安全专项监督走进千家万户、成为街谈巷议。

三、问：问需问计实现双赢多赢共赢

深化“府检联动”机制，专项监督开始后，两级院累计走访49家行政机关、食药品企业问计问需，精准掌握食品药品安全保护的重点、难点和堵点问题，提升公益诉讼检察工作的针对性。同时对办案中发现的相关问题进行总结梳理，形成调研报告或工作建议，为行政机关提升履职效能提供有效参考。完善“协作配合+多方参与”工作模式，聘请食品药品领域“特邀检察官助理”13名，在行政执法和检察司法监督之间发挥桥梁和纽带作用，协助办理食品药品安全领域公益诉讼案件28件。同时号召在秦高校师生以及6000余名公益组织志愿者参与专项监督。全市检察机关扩充招募具有食品药品工作经验的“益心为公”志愿者36名，借智赋能，提升办案质量和效果。山海关区院邀请辖区老字号企业开展“守护老字号 食品新安全”主题交流座谈活动，推动构建“法律监督+行政执法”大保护格局，为老字号发展提供更加有力的保障，为民族品牌壮大提供更加坚强的支撑。

四、切：找准切入点精准发力提质增效

认真研判“燕赵山海·公益检察”之食品药品安全专项监督要求，以地方特色食品保护、重点行业治理、新业态监管等为切入口开展检察公益监督，积极回应群众关切。昌黎县院针对红酒产业制假售假问题多发，对一起生产销售伪劣红酒行为提起刑事附带民事公益诉讼，追索惩罚性赔偿金19.6万元，形成有效震慑；抚宁区院、青龙县院督促加强流动食品加工监督管理，监督行政机关对475家流动食品加工经营主体进行食安检查，规范各类问题676条，引导78家流动经营者进行备案登记、健康证办理，促进流动食品加工行业从“小而乱”变“小而安”；开发区院针对医疗机构中药贴敷诊疗行为不规范及养生保健机构违规开展三伏贴项目等新业态问题向相关职能部门发出检察建

议，累计检查医疗机构75家、保健机构83家，指导经营主体整改26户、张贴中药贴敷禁忌提示165份、责令整改医疗广告320处，依法取缔2家、立案查处1家、罚款1000元，共同推进中药贴敷科学化、规范化，全力保障人民群众身体健康及合法权益。该院办理的督促整治海鲜食品超范围经营行政公益诉讼案获评最高检典型案例。

江西省吉安市检察机关发挥公益诉讼职能开展犬类管理工作

近年来，不文明养宠、违规开展动物诊疗等可能危害社会公共安全的现象频频发生，存在侵害社会公共利益的风险。2024年吉安市检察机关根据上级院下发的工作提示，在全市范围部署开展犬类管理公益诉讼专项监督活动，共办理相关行政公益诉讼案件12件，制发公益诉讼检察建议9份，磋商3次，制发社会治理检察建议1份，督促相关职能部门开展文明养犬专项执法行动37次，劝导、纠正不文明养犬行为280余次，抓捕处置流浪犬400余只，督促整治违规经营动物诊疗机构9家，推动解决辖区内犬类登记及疫苗接种管理、文明养犬、动物诊疗机构经营、动物救助机构等领域的管理难题，持之以恒抓好民生大事，助力打造环境优美、秩序优良、服务优质的文明城市。

一、问脉听诊，找准犬类管理乱象症结

一是深入基层问群众。通过实地走访、问卷调查、普法宣传等方式拓宽公益诉讼线索渠道，初步掌握影响人民群众日常生活的养宠问题。吉安县院在城区限养区分早中晚三个时段对犬只活动情况进行检查，发现无约束遛犬、犬只追逐或惊吓行人等现象较为普遍，遂依法制发检察建议督促县城管局开展专项巡查，对不文明养犬人进行批评教育和普法宣传，捕捉流浪犬27只送至动物救助站集中管理，有效降低公共安全隐患。二是更新观念问数据。全市检察机关深化源头治理，逐步形成以科技赋能、数据分析助力检察公益诉讼高质效办案的创新思维。青原区院向区疾控中心、政府办、公安调取相关数据，比对碰撞全区人用狂犬疫苗注射数、12345涉犬类投诉数、涉犬类出警

数、3191 份调查数据，形成数字监督模型，准确分析出犬只管理工作不足的重点领域和区域，以数字赋能提升公益诉讼办案的精准性。吉州区院从“12345 热线”线索台账中筛选出 2023 年流浪狗扰民、不文明养狗等问题投诉 39 件，经现场核实后进行立案，协同城管、公安对流浪犬问题开展专项执法行动 10 余次，张贴标语 230 余幅，“情理法”并用劝导居民文明养犬，有效化解了投诉问题。三是强化统筹推动和对下指导。常态化运行由市院每月定期调度、基层院不定期汇报的工作模式，并由市院对全市犬类管理突出问题和成因进行分析研判，针对不文明规范养犬、宠物诊疗机构经营乱象等突出问题，持续深化上下一体联动，通过线上会议、线下走访等方式组织督导各基层院扎实办好犬类管理公益诉讼案件，助力打好全市重点民生品质提升攻坚战，倾力建设全省共富共享美好生活实践区建设。

二、协同治理，共绘执法司法为民“同心圆”

一是坚持以办案促协同。针对犬类管理存在的行政监管部门多、法律规定庞杂、日常监管盲区广等治理难题，安福县院、泰和县院、井冈山市院等 10 个基层院，依法介入监督，通过召开磋商会议等方式促进与卫健委、农业农村、公安、城管、市监等职能部门之间的沟通协调，开展共同走访调查，共享线索数据，促进凝聚行政机关和公益诉讼检察的治理“向心力”。永新县院针对城区普遍存在的携犬外出未用犬绳牵引犬只、未规范引导犬只在室外排便等不规范养犬行为进行公益诉讼立案，督促县城管局开展普法执法综治行动，抓捕流浪犬 300 余只，构建犬类管理长效常态机制，并与该局就共享线索数据达成共识，持续深化“行政执法 + 公益诉讼”协作机制。二是坚持以监督促治理。立案后制发检察建议增强公益诉讼检察监督的约束力，督促行政机关落实犬类管理监管职责，维护安定有序的社会生产生活秩序。

遂川县院制发检察建议，督促行政机关对全县动物诊疗机构无证销售兽药、无证诊疗、违规处置诊疗废弃物等行为进行专项排查整治，目前案涉2家诊疗机构已完成整改并取得动物诊疗许可，有效阻断疫病传播和环境污染源头，降低动物疫病传播公共卫生安全风险。三是坚持以溯源促提升。青原区院根据“益心为公”志愿者提报的线索，针对城乡流浪犬数量多、犬只伤人、文明养宠意识薄弱等普遍性、频发性问题立案，结合走访调研获取的情况和数据进行分析，深入挖掘出辖区内犬类管理问题背后的原因并提出治理建议，形成《青原区2024年犬类管理专项整治行动工作实施方案》和《吉安市青原区犬类管理调研报告》呈报区委、区政府主要领导并获得充分肯定，推动相关职能部门形成治理合力，联合辖区内29个物业公司向居民发放5000余份《文明养犬倡议书》，推动13个小区建立宠物管理登记台账。

三、深化监督，以依法履职促进社会共治

一是以“公益诉讼+代表建议”践行为民初心。实现公益诉讼监督与人大代表建议正向衔接，将司法为民的检察担当融入办案“后半篇文章”。青原区院根据办案情况，将犬类管理监督建议向院党组汇报获准后，由青原区院检察长作为人大代表在两会上提出规范养犬、加强犬类管理的意见建议，向社会各界传递公益诉讼检察关注民生需求、守护民生福祉的两会声音，持续增强公益诉讼检察的监督深度、社会治理参与度和社会认可度。二是以释法说理推进文明建设。充分发挥公益诉讼协同治理的制度功能，推动落实“谁执法谁普法”责任制，提升激活群众法治意识和参与社会治理的内生动力，以“我管”促“都管”，有效助力构建文明和谐法治的社会治理格局。永丰县院在办案中督促县农业农村局加强城区居民饲养宠物犬定期免疫接种狂犬病疫苗的监督检查，协同县城管局联合县公安局成立4个攻坚组开

展文明养犬专项整治行动，推动此项行动列入全县专项整治清单，并发动辖区内各社区网格对文明养犬法律知识进行广泛宣传，在现场解决群众困扰的同时，增强了群众对于文明规范养犬的法治观念，向社会治理现代化输送“法治血液”。

《公益诉讼检察工作指导（2025年）》征订单

《公益诉讼检察工作指导》是助力实现公益诉讼检察高质量发展的权威指导刊物，由最高人民检察院张雪樵副检察长担任编委会主任，公益诉讼检察厅厅领导担任主编、副主编，最高人民检察院公益诉讼检察厅主办。

《公益诉讼检察工作指导》坚持以指导公益诉讼检察工作及公益案件办理为办刊方向，及时传递党中央、最高检决策部署，既是对地方的指导，也是工作的总结和记录。刊物突出理论性与实务性、指导性与交流性相统一，贯彻公益诉讼检察工作政策，突出公益诉讼检察业务特色，传递公益诉讼检察发展方向，探讨公益诉讼理论前沿成果，交流公益诉讼检察实务。

为持续做好公益诉讼检察工作，推动公益诉讼检察高质量发展，有效提升公益诉讼检察队伍理论研究能力和专业化建设水平，满足下级院对上级院业务指导需求，2025年《公益诉讼检察工作指导》现已全面启动。2025年全年共出版4辑，每辑定价60元，全年定价240元（免邮资），具体订购方式及回执单附后。

《公益诉讼检察工作指导》编辑部

2024年12月

2025 年《公益诉讼检察工作指导》订阅回执单

<table>
<tr><td>订购单位名称</td><td colspan="2"></td><td>收书人</td><td colspan="2"></td></tr>
<tr><td>地　址</td><td colspan="2"></td><td>电　话</td><td colspan="2"></td></tr>
<tr><td colspan="2">单位统一信用代码</td><td colspan="4"></td></tr>
<tr><td colspan="2">电子发票接收邮箱</td><td colspan="4"></td></tr>
<tr><td>代　码</td><td colspan="2">书　名</td><td>定　价</td><td>订　数</td><td>金　额</td></tr>
<tr><td></td><td colspan="2">2025 年《公益诉讼检察工作指导》</td><td>240.00</td><td></td><td></td></tr>
<tr><td colspan="6">公益诉讼系列图书</td></tr>
<tr><td></td><td colspan="2">2024 年《公益诉讼检察工作指导》合订本</td><td>240.00</td><td></td><td></td></tr>
<tr><td></td><td colspan="2">公益诉讼检察办案实务手册（2024 年版）（上下册）</td><td>460.00</td><td></td><td></td></tr>
<tr><td></td><td colspan="2">最高人民检察院公益诉讼检察典型案例汇编（2023 年度）</td><td>139.00</td><td></td><td></td></tr>
<tr><td></td><td colspan="2">最高人民检察院公益诉讼检察典型案例汇编（2022 年度）</td><td>88.00</td><td></td><td></td></tr>
<tr><td></td><td colspan="2">最高人民检察院公益诉讼检察典型案例汇编（2021 年度）</td><td>98.00</td><td></td><td></td></tr>
<tr><td></td><td colspan="2">最高人民检察院公益诉讼检察典型案例汇编（2016—2020 年度）</td><td>96.00</td><td></td><td></td></tr>
<tr><td colspan="4">合 计</td><td></td><td></td></tr>
<tr><td colspan="2">合计金额</td><td colspan="4">大写：　　万　　仟　　佰　　拾　　元整</td></tr>
<tr><td colspan="6">备注：收到汇款后三个工作日内，发票将发送至电子发票接收邮箱内。</td></tr>
</table>

订购方式说明

第一种：网站订购（www.zgjccbs.com）不用发传真，款到后开票

1. 网站下单，直接在线支付（微信、支付宝）
2. 网站下单，单位汇款需备注订单编号后 6 位数字

网站订购负责人：张惠 010-86423745、18101137669 技术咨询 010-86423763

第二种：微信订购（仅支持微信在线支付）

1. 使用微信扫描右侧二维码可直接在线订购
2. 了解最新书讯请关注“中国检察出版社”微信公众号

第三种：传真订购

书款汇至出版社账号后，务必将回执单填写完整并传真至 010-68659465

中国检察出版社账户信息

户　名：中国检察出版社有限公司　　**账　号：**11050164860000000056

开户行：建设银行北京西山枫林支行　　**行　号：**105100050751

中国检察出版社各省订购负责人

盛　丹 010-86423727、18101137660（微信同号）传真 010-68659465

（北京、天津、山西、陕西、河北、黑龙江、吉林、辽宁、内蒙古、青海、山东）

董艳芬 010-86423726、18101137636（微信同号）传真 010-68659465

（河南、浙江、江苏、安徽、上海、福建、甘肃、江西、新疆、西藏）

薛建娜 010-86423728、18101137662（微信同号）传真 010-68659465

（广东、广西、海南、重庆、四川、云南、贵州、湖北、湖南、宁夏）